나는 진짜 원하는 인생을 살고 있는가

진짜
원하는
인생을
살게 하는
40가지

나는 진짜 원하는 인생을
살고 있는가 ──────── 임재성 지음

평단

사람들은 흔히 인생을 여행에 비유한다. '인생 여행'에 나선 우리 모두는 화창한 날 떠나는 여행처럼 즐거운 여정을 바란다. 그리고 자신이 원하는 목적지를 향해 가는 길이 순탄하기를 소망한다. 갈림길에는 명확한 화살표가 그려져 있기를 바라고, 교차로에는 초록불만 켜져 있었으면 한다. 누구나 행복한 인생 여정을 꿈꾸고 출발선에 선다.

하지만 현실은 그리 아름답지 못하다. 세월의 나이테가 더해갈수록 인생 여정은 화창함이 아니라 안개 속 같다. 보란 듯이 원하는 인생을 살아보고 싶었는데, 갈림길에 설 때마다 어디로 가야 할지 망설이게 된다. 주위를 둘러보면 저마다 원하는 인생을 향해 속도를 내는 것 같다. 뒤처지지 않으려 덩달아 속도를 내보지만, 항상 부족하다. 더 속도를 내서 달려야 현실을 유지할 정도다 보니 허탈함이 삶을 휘감는다.

우리는 대개 자신이 원하는 인생보다 누군가의 아들과 딸, 누군가의 남편과 아내, 누군가의 아빠와 엄마로 사는 경우가 더 많다. 자칫 잘못하면 '누군가의 무엇'으로 살아가는 인생길은 빨간불이 들어오기 일쑤다. '인생 여정을 다시 살피라'는 경고 신호를 보내고 있는 것이다.

나는 진짜 원하는 인생을 살고 있는지, 스쳐 지나는 바람이, 작은 풀꽃이 내게 묻는다. 물음에 어떤 대답을 할지 고민하던 내용을 세 글자의 단어로 풀어보았다. 인생의 문제에 부딪힐 때마다 기억하기 쉬운 세 단어를 떠올려 해결책을 찾도록 한 것이다.

'인생에서 늦었을 때란 없다'는 것을 깨닫게 될 때 삶의 변화가 시작될 수 있다. 지금 서 있는 자리에서 자신이 진짜 원하는 인생의 길을 걸어가고 싶다는 마음이 변화의 물결을 일렁이게 한다. 햇살을 향해 나뭇가지를 조금씩 뻗어갈 때 아름다운 나무가 만들어지는 것처럼, 우리도 저마다 자신이 원하는 인생의 길을 향해 한 발짝씩 내딛겠다는 마음이 필요하다.

그런데 그것이 참 쉽지 않다. 사람은 쉽게 변하지 않기 때문이다. 변화는 외부의 힘보다 내부의 열망으로 시작된다. 자신이 진짜 원하는 인생을 살고 싶다는 열망이 어제와 다른 오늘을 살게 한다. 그 열망이 누군가에게 들었던 충고와 조언, 읽었던 책의 한

구절, 갑자기 닥친 어떤 사건 등이 작은 불쏘시개가 되어 타오를 수 있게 한다. 아무리 강력한 외부의 영향력도 내부의 열망 없이는 곧 힘을 잃는다. 결국은 똑같은 자리에 있는 자신을 발견하게 되고 "난 어쩔 수 없어"라고 좌절하며 그냥 그렇게 오늘을 살게 된다.

한 치 앞을 예측하기 힘들 정도로 변화의 물결이 세차게 일렁이고 있다. 나아갈 길이 안개 속처럼 희미하다. 이럴 때일수록 세차게 일렁이는 물결 아래에 관심을 가져야 한다. 희미하게 감춰져 있는 자기 내면을 바라보아야 한다. 자신이 진짜 살아가고 싶은 인생이 무엇인지 말이다. 그리고 어제와 같은 삶의 생각과 습관에서 벗어나야 한다. 조금씩 삶을 다듬고 고치는 훈련의 장으로 스스로 들어가도록 해야 한다.

삶에 지치고 힘들어하는 자신을 보듬고, 안아주고, 용기도 북돋아 주자. 자신을 스스로 위하고 안아주고 용기를 주어야 힘겨운 인생의 파도를 견디며 나아가는 힘이 생긴다. 그럴 때 화창한 날 떠나는 여행처럼 즐거운 인생 여정이 되지 않을까 싶다.

나는 늦은 나이에 대학을 가고, 작가가 되고, 강연가가 되었다. 쉽지 않은 길을 걸어왔고 지금도 걸어가고 있다. 화려함과 명성은 없지만, 내가 원하는 인생의 길을 걷고 있다. 부족하지만 내가 걸어가는 길이, 인생의 성찰이 누군가의 표지가 되고 작은 위로와 힘이 되길 소망해 본다.

제1장

아직도 원하는 인생을 살고 있지 않다면

contents

제3장

잘 되는 나로 살기 위해 다듬을 것들

제4장

다시 한 번 해보겠다는 용기를 품어야 할 때

contents

제1장

아직도 원하는 인생을
살고 있지 않다면

자신이 진짜 원하는 인생을 사는 첫걸음은
정체성에 대한 의문에 대한 답을 찾는 것이다.

01

정체성

존재의 본질을 발견하라

　　　　　　　　　　정체성Identity은 존재의 본질을 깨닫는
성질을 말한다. 정체성 연구로 유명한 독일 태생의 미국 심리학
자 에릭 에릭슨Erik Erikson은 정체성에 대해 이렇게 말했다.

　"그저 그렇게 생각한다거나 때로는 그렇게 느끼는 것이 아니라, 자
　기의 밑바탕에서 항상 무엇을 하든 그것이 아니면 인생의 모든 것을
　볼 수 없게 될 정도로 개인에게 강한 영향력을 갖고 있는 것이다."

　즉 정체성이란, 인생이라는 거대한 바다에서 자기 자신이 목적
지를 향해 순항할 수 있도록 토대가 되어주는 것이라는 이야기다.
　그런데 이것을 아는 것이 쉽지 않다. 자기 밑바탕에서 삶에 영
향력을 끼치고 있는 것이 무엇인지 명확하게 알기가 힘들다. 자
신이 어떤 존재이며, 어떻게 인생을 살아가야 할지, 또 무엇을 위
해 삶의 열정을 쏟아부어야 할지 잘 모른다는 것이다. 삶을 마감
하는 순간까지 이런 고민은 쉽게 해결할 순 없을 것 같다.

　사람들이 평생에 걸쳐 고민하는 정체성 문제는 신화神話에서도
등장한다. 신화가 인간 삶의 근원적인 질문을 대변하기 위해 만
들어진 것이니 태초부터 정체성에 대한 고민은 시작되었다고 볼
수 있다. 그만큼 자기 자신을 아는 것이 힘들다는 이야기다. 그럼
에도 불구하고 우리는 자신이 누구인지 알아야 한다. 그래야 자

기가 나아갈 길을 열고, 행복한 삶을 살 수 있기 때문이다.

사람들이 정체성에 대해 고민할 때는 대체로 인생의 갈림길이나 나아갈 길을 살펴야 할 때이다. 인생의 방향을 설정할 때가 되면 자동으로 자신이 누구인지 묻게 된다. 누가 시키지 않아도 '나는 누구인가'에 대한 의문이 든다. 그래야 올바른 삶의 방향을 설정할 수 있기에 그렇다.

그리스 신화에 나오는 테세우스도 그랬다.

아테네의 왕 아이게우스에게는 아들이 없었다. 아들을 갖기 위해 여러 궁리를 하다 델포이에 있는 아폴론 신전에 가서 신탁信託을 받아보기로 했다. 그런데 신전의 여사제는 속 시원한 해답 대신 모호한 답을 해 준다. "집으로 돌아갈 때까지 통가죽 부대의 발을 풀지 말라"는 것이었다. 통가죽 부대에는 술이 담겨 있으니 집으로 갈 때까지 술을 조심하라는 의미였다.

운명의 장난은 하지 말라는 것을 하는 것에서 시작된다. 아이게우스도 그랬다. 아이게우스는 아테네로 돌아가다 트로이젠의 왕 피테우스의 권유를 뿌리치지 못하고 그만 통가죽 부대의 발을 풀고 만다. 인사불성이 될 정도로 술을 먹고 만 것이다.

아이게우스는 전날 저녁에 무슨 일이 있었는지도 모른 채 아침을 맞이했다. 그런데 이게 웬일인가. 자신의 옆에 피테우스 왕의 딸인 아이트라 공주가 알몸으로 누워있는 것이 아닌가. 아이게우스는 혹시나 하는 마음에 이런 말을 남긴다. 훗날 아이가 태어나 아버지를 찾으면 섬돌 밑에 숨겨둔 표징을 찾아 자신에게로 보내라고 말이다. 그로부터 열 달이 지나 아이트라 공주는 아들을 낳았다. 그가 바로 테세우스이다.

당시에는 열여섯 살이 되면 아이의 앞머리를 잘라 아폴론 신전에 바치는 풍습이 있었다. 테세우스도 풍습에 따라 아폴론 신전이 있는 델포이로 올라간다. 그런데 신전 문턱 위에 이런 글귀가 새겨져 있는 것이 아닌가.

'너 자신을 알라Gnothi Seauton.'

테세우스는 '너 자신을 알라'라는 글귀를 보고 자신의 정체성에 대한 의문을 품는다.

'나는 누구인가? 다른 사람에게는 아버지가 있는데 나는 왜 아버지가 없는가? 나는 어디서 왔는가?'

스스로 던진 질문에 답을 찾을 수 없었던 테세우스는 어머니를 찾아간다. 그리고 자신이 누구의 아들인지 밝혀달라고 요구한다. 테세우스의 요구에 어머니는 그가 아테네 왕 아이게우스의 아들임을 말해준다. 그리하여 테세우스는 아버지가 숨겨 놓은 표징을 찾아 들고 트로이젠을 떠나 아테네로 향한다. 그리고 아버지를 만난다.

테세우스가 자기 존재에 대해 의문을 가졌을 때는 사춘기였다.

사춘기는 자기 정체성에 의문을 품을 때다. 자아가 형성되면서 자연스레 자신이 누구인지 알고 싶어 한다. 테세우스도 그랬다. 그런데 만약 테세우스가 자기 존재에 대한 의문을 품지 않았다면 아버지가 누구인지 모른 채 살아가야 했을 것이다. 그렇게 살다가 언젠가는 '내 아버지는 누구인가?', '나는 어떤 존재인가?' 하며 의문에 휩싸인 채 괴로운 삶을 살아가야 했을지도 모른다.

그래서 자신이 누구인지 아는 것이 중요하다. 사람은 자신이 누구인지 모르면 방황하게 되어 있다. 심하면 일탈과 중독, 우울증으로 이어져 어디로 튈지 모르는 럭비공과 같은 삶을 살게 된다.

자기 정체성에 대한 고민은 보통 사춘기에 시작된다. 그리고 '제2의 사춘기'라 불리는 중년기에 다시 한번 정체성에 대한 혼란을 겪는다. 중년기가 되면 어느 정도 인생을 경험하고 자신이 추구한 삶의 결과가 눈에 보이기 시작한다. 나름대로 성공적인 삶을 이어나갈 수도 있고, 원하는 삶의 결과를 얻지 못해 힘겨워 할 수도 있다. 그리고 자신이 쌓아온 인생의 결과물들을 보며 앞으로 어떤 인생을 살아가야 할지 점검하며 '나는 누구인가?', '나는 무엇에 가치를 두고 사는가?' 자문하고, 자신의 정체를 궁금해하며 그 실체를 찾으려고 한다. 자신이 누구인지 알아야 더 나은 삶으로 항해를 이어갈 수 있기 때문이다.

지금은 중년기라는 시기가 불분명하다. 평균 수명이 늘어나면서 35세부터 65세까지를 중년기라고 하니 자기 정체성에 대한 고민은 어느 한 시기에 국한되지 않는다. 새로운 인생 항로를 설정할 때마다 '나는 누구인가?'에 대한 의문은 마음 밑바탕에서 꿈틀대니 정체성은 평생을 살면서 고민하고 발견해야 하는 과제인 것이다.

아우구스티누스Aurelius Augustinus는 45세 때 자기 삶을 돌아보며 진실한 자기 고백을 담아《고백록》을 썼다. 철학적 성찰을 통해 얻은 깨달음을 적은 글에서 아우구스티누스는 자신을 아는 것이 얼마나 중요한지를 이렇게 밝힌다.

"사람들은 높은 산과 바다의 거센 파도와 넓게 흐르는 강과 별들을 보며 놀란다. 그러나 정작 스스로에 대해서는 깊이 생각하지 않는다."

사상가이자, 문학가, 신학자로 명성을 떨치고 성인聖人으로 추앙받았던 인물이지만 아우구스티누스도 자신에 대해 알려고 하는 노력을 그치지 않았다. 그런 물음에 대한 답을 찾는 과정에서 신神을 향한 세계관을 구축할 수 있었다. 그의 사상적 배경이 곧 정체성에 대한 의문에서 비롯된 것이다.

최인호 작가도 우리에게 질문을 던진다.

"자신의 주체성과 존재성을 갖고 자기 삶의 주인공으로 살아가고 있는가?"

그는 자신의 저서 《나는 누구인가》에서 살아가면서 가장 중요한 것이 무엇인지 고민한 흔적을 이렇게 담아냈다.

"삶은 '나는 누구인가'라는 질문과 '이게 나다'라는 대답이 연속적으로 이어지는 과정이다. 그러므로 삶은 '나는 누구인가'를 알 수 있는 기회다."

아우구스티누스나 최인호 작가나 삶에서 자기 정체성을 아는 것이 필요하다고 말한다. 자기 자신이 어떤 사람인지 알아야 인생의 주인으로서 살아갈 수 있기에 그렇다. 자신이 어떤 사람인지를 모르면 타인의 삶을 자신의 것으로 착각하며 살 수 있다. 그런 삶은 언젠가는 후회하기 마련이다. '내가 살아온 삶이 고작 이런 것이었나'라며 탄식할 수 있다. 그러니 '나는 누구인가?'에 대한 의문에 답을 찾으려는 노력이 필요하다.

자신이 진짜 원하는 인생을 사는 첫걸음은 정체성에 대한 의문에 답을 찾는 것이다.

'나는 누구인가?'

내 인생 연극 무대의 주인공은 오롯이 나 자신이다.
주인공 역할은 누가 대신해 줄 수 없다.

02

미장센

인생 무대의 주인공은 나다

●　　　　　　　미장센Mise-en-Scène은 프랑스어로 '무대 위에 배치한다'는 뜻이다. 연극에서 시작된 이 말은 연출자가 작품의 이해를 돕기 위해 무대를 기획해 여러 소품을 배치하는 것에서 비롯되었다. 요즘은 영화에서도 많이 쓰이는 용어가 되었다. 영화감독이 작품을 만들면서 무엇을 어떻게 찍을 것인지를 생각하면서 화면 속에 담겨질 장면을 시각적으로 조직하고 배치하는 모든 작업이 바로 미장센이다. 그래서 연극이나 영화를 이해하려면 미장센의 개념을 알고 있으면 도움이 된다. 대사가 아닌 화면의 구성이나 사물의 배치로 감독의 의도를 예측할 수 있기 때문이다.

미장센은 연극과 영화뿐만 아니라 인생을 이해하는 데도 필요하다. 흔히 사람들은 우리의 삶을 두고 "한 편의 연극과 같다"고 말하곤 한다. '인생'이라는 무대가 있고, '나'라는 주인공이 있으며, '주변 사람'이라는 관객이 있기에 그렇다. 삶 속에서 온갖 사건과 갈등이 연속적으로 펼쳐지는 것도 연극과 같다. 각자에게 주어진 배역에 따라 살아가는 것도 비슷하다. 연극은 희극도 있고 비극도 있다. 연극이 기승전결의 방식으로 펼쳐지는 것처럼 우리 삶도 시기에 따라 기승전결이 있다. 또 연극 무대의 막이 올라갔으면 언젠가는 내려가야 하는 것처럼 우리 생도 언젠가는 막을 내려야 할 때도 다가온다.

이런 연극과 같은 인생의 무대를 성공적으로 연출하려면 요소

요소에 삶을 이끌어줄 것들을 효과적으로 배치하고 기획해야 한다. 그래야 의미 있는 삶을 연출해 낼 수 있다.

인생이라는 무대에서 사람들은 다양한 삶을 살아간다. 누군가 배치해 놓은 미장센의 틀 안에서 살아가기도 하고 자신만의 무대를 스스로 연출하며 나아가기도 한다.

보다 의미 있고 행복한 삶은, 자신이 진짜 원하는 인생을 살아가는 데 있다. 스스로 인생의 구도를 잡고 그 안에 배치되어야 할 요소들을 기획하고 준비하며 살아보는 것이다. 그런데도 많은 사람이 자신의 삶을 어떻게 연출해야 할지 잘 모른다. 자신이 살아가야 할 인생의 대본을 준비해보지 않았기 때문이다.

좋은 연극을 연출하려면 먼저 좋은 대본이 있어야 한다. 물론 좋은 배우와 그에 따른 무대 연출도 중요하다. 하지만 한편의 멋진 연극을 만들려면 완성된 대본이 필요하다. 대본 없이 즉흥적으로 한 편의 연극을 완성할 수는 없다. 멋진 인생을 살아가는데도 인생의 대본이 필요하다. 어떤 인생을 살 것인지에 대한 밑그림 같은 것이다. 여기에서 밑그림은 삶의 의미를 밝힐 수 있는 인생의 궁극적인 목적을 말한다. 연극으로 말하면 주제이다. 주제와 동떨어진 미장센은 오히려 메시지 전달에 방해가 된다.

연극에서 말하려는 의미를 제대로 전달하려면 인공적이지 않고 자연스러워야 한다. 그러려면 연극의 주제에 걸맞은 무대 연출이 필요하다.

예를 들어 아이들의 상처를 어루만져 주는 것이 인생의 목적이라면 그에 적합한 다양한 대본을 써 나갈 수 있다. 학교 선생님이 될 수도 있고, 심리상담가나 정신과 의사가 되어서 아이들의 입장에서 아이들의 목소리에 힘을 실어주는 역할을 할 수 있다. 그 외에도 상처받는 아이들을 도와줄 수 있는 일들은 무수히 많다. 그중에서 자신의 재능과 적성을 살펴가며 하고 싶은 직업을 찾아보는 것이다. 스트레스도 덜 받고 즐겁게 할 수 있는 일로 말이다.

인생의 목적을 이뤄나갈 방향을 정했으면 이제는 구체적인 대본을 써봐야 한다. 아이들의 마음을 치유할 수 있는 직업이 무엇인지 면밀히 살피는 것이다. 학교 선생님이 되어 아이들을 돕고 싶다면 어떤 과목을 선택할 것인지 알아야 한다. 평소 좋아하는 과목이나 관심 가는 장르를 살피며 찾아보는 것이다. 전공과목을 정하고, 대학도 구체적으로 알아보는 것도 필요하다. 그런 다음 인생 무대를 채워줄 것들을 어떻게 배치할지 기획해야 한다. 대본부터 무대를 꾸미는 것까지 체계적인 준비가 되어야 한편의 멋진 인생 무대를 만들어 갈 수 있다.

물론 인생을 살다 보면 꼭 대본대로만 살아지지 않는다. 때로는 대본을 수정해야 할 때가 온다. 하지만 인생의 주제가 바뀌지 않으면 대본 수정은 쉽다. 미장센도 걱정하지 않아도 된다. 디테일한 부분만 조금 수정하면 되니 말이다.

그런데도 많은 사람들은 인생 대본을 쓰면서 미장센부터 생각한다. 즉 인생의 주제보다 무대 배치를 먼저 고민한다. 사회가 요구하는 직업, 주변 사람들이 좋다고 말하는 일, 명예와 안정적인 일로 무대를 꾸미려고만 한다. 어떤 차를 타고 다니며, 어떤 액세서리로 멋을 내고, 어떤 집에서 살 것인지 기획하는 것도 주제보다 미장센에 더 관심을 가지는 태도로 나타난 현상이다. 그러다 보니 연극 무대가 무르익을 때쯤이면 삐거덕 소리가 난다. 연극 무대에서 연기는 하고 있는데 자신도 어떤 연극인지 모른 채 연기에 몰두해 있는 이치다. 그런 무대에서는 의미도 보람도 느낄 수 없다. 한 편의 연극이 끝나면 후회만 남는다. 대체 어떤 연극을 했느냐고 말이다.

내 인생 연극 무대의 주인공은 오롯이 나 자신이다. 주인공 역할은 누가 대신해 줄 수 없다. 대역을 쓸 수도 있지만, 그것은 대역의 삶이지 자신의 것이 아니다. 그러니 스스로 인생의 대본을 쓰고 완성해야 한다. 인생의 주제에 따른 무대 기획과 배치도 스스로 해 보아야 한다. 그러면 인생이 어떻게 펼쳐질 것인지 '마음의 눈'으로 선명하게 바라볼 수 있다. 앞으로 펼쳐질 극의 내용을 꿰고 있다면 잠시의 고난과 어려움은 아무것도 아니다. 이미 인생의 무대가 어떻게 마무리될 것인지 알고 있기 때문이다.

나는 지금 어떻게 인생의 연극 무대를 꾸며가고 있는가? 내 인생의 연극 주제는 무엇인가? 이 질문에 명확하게 대답할 수 있는 사람만이 미장센, 멋진 무대 연출도 할 수 있다.

우리는 살아갈 날을 두드리는 과정을 거쳐야
시행착오를 줄일 수 있고 후회없는 삶도 살 수 있다.

03

두드림
———

제발 가만히 있지 마라

● 　　　　　　　두드림knock은 말 그대로 '뭔가를 두드린다'라는 뜻이다. 뭔가를 두드려 점검해 대조하거나 궁금한 것을 알아보겠다는 의미다. 우리가 살아가는 인생에 적용하면, 앞으로 살아가려는 삶을 두드리며 자신이 원하는 인생을 찾으려는 것으로 이해할 수 있다. 자신이 잘하는 것은 무엇인지, 해보고 싶은 것은 어떤 것이 있는지, 자신이 추구하는 삶은 무엇인지, 앞으로의 삶에서 성취하고 싶은 것은 무엇인지 살피는 과정이다. 우리는 살아갈 날을 두드리는 과정을 거쳐야 시행착오를 줄일 수 있고 후회 없는 삶도 살 수 있다.

나는 군대를 제대하고 얼마 지나지 않아 포스코그룹에 입사했다. 친구의 "같이 포스코에 시험을 보러 가자"라는 말에 그저 무작정 시험을 준비했다. 신문에 난 채용공고를 보고 시험과목 공부를 시작했다. 포스코는 일류기업으로 세계 철강 산업을 선도하는 위치에 있었기에 누구나 입사하고 싶어 하는 선망의 직장 중 한 곳이다. 그런데 나는 '철을 만드는 회사'라는 것 외에는 구체적으로 어떤 일을 하는 곳인지도 모른 채 입사시험에 응시했고 합격해 많은 사람들의 축하와 기대를 받으며 회사에 출근하게 됐다.

그러나 회사 생활은 전혀 만족스럽지 못했다. 내가 하는 일에 대한 즐거움도 없었고, 보람도 찾을 수 없었다. 물론 "회사 직장 생활이 다 그렇지 뭐"라고 이야기하는 사람들도 있을 것이다. 하지만 나는 내가 처한 현실을 견디지 못했다. 그리고 과감히 사표를 던지고 회사를 나와 대학 진학을 준비했다.

"대부분의 사람은 자신의 타고난 적성을 모른 채 뚝심으로만 밀고 나가다 결국 어느 분야에서도 평범한 사람이 되고 만다. 재능이 없는 일에 열정만으로 매달리다가 오랜 시간이 지난 후에 다른 적성을 찾는 것이야말로 가장 안타까운 일이다. 자신의 소질을 정확히 알고 있는 사람은 그 분야에서 최고가 될 수 있다. 판단력이 뛰어난 사람이 있는가 하면, 용기가 남다른 사람도 있다. 순발력이 좋은 사람도 있고, 체력이 강한 사람도 있다. 지능이 우수한 사람도 있고, 감성이 풍부한 사람도 있다."

스페인의 대철학자 발타자르 그라시안Baltasar Gracian의 말이다. 그라시안의 조언을 명심하고 실천했더라면 내 삶도 달라졌을 텐데, 당시의 나는 그렇지 못했다. 이미 한 번의 시행착오를 겪었으면 하고 싶은 일과 해보고 싶은 것, 인생의 궁극적인 목적을 좀 더 적극적으로 찾아보고 두드렸어야 했다. 그런데도 나는 같은 실수를 또 저지르고 말았다. 그 당시 많은 학생들이 선호하고, 대중적으로 인기가 높았던 전자계산학과에 지원한 것이다. 전자계산학이란 무엇인지, 어떤 학문을 배우는지, 그에 맞는 직업과 장래 비전은 무엇인지 꼼꼼히 따져보지도 않았다. 그저 사람들이 선호하는 인기학과에 무난히 합격하여 대학 생활을 보낼 생각이었다.

전자계산학의 밑바탕은 수학이었다. 그런데 나는 수학을 가장 싫어했다. 숫자만 봐도 현기증이 났다. 당연히 학교에서 수업을 받는 것이 고역이었다. 늦은 나이에 다시 들어간 학교라 그만둘 수도 없었다. 낙제를 받지 않는 수준의 공부만 했다. 하기 싫은 공부를 하다 보니 뭐든지 대충 대충이었다. 수업도 듣는 둥 마는 둥 하면서 비효율적으로 1년 가까이 허송세월을 보냈다. 그러다가 무의미하게 남은 학년을 보낼 수 없다는 생각에 하고 싶은 것이라도 해 보자고 결심했다. 들어도 무슨 내용인지 모른다면 차라리 그 시간에 내가 좋아하는 것을 해보자고 생각했다.

그렇게 해서 찾은 것이 '책 읽기'였다. 그때부터 나는 학교에 다니면서 책을 읽기 시작했다. 생각을 바꾸고 사람답게 살아가는 것이 무엇인지 알 수 있는 인문 고전을 섭렵했더라면 좋았으련만, 그렇지 못했다. 그저 관심이 가는 책을 집히는 대로 읽기 시작했다. 소설부터 여성 심리를 읽어내는 서적까지. 흥미를 끄는 책이라면 닥치는 대로 읽었다. 대학 생활 남은 3년을 그렇게 책 읽기로 버텨 냈다. 책 읽기를 통해 그 후 삶이 달라진 것도 아니었다. 졸업 후에는 전자계산학과는 아무런 관련도 없는 대리점 사업을 시작했으니 말이다.

대리점 사업을 하던 그즈음 교회 아이들에게 독서 지도를 해 줄 필요성을 느꼈다. 그리고 '꿈이 없는 아이들에게 책을 읽혀야겠다'라는 생각에 독서 지도사 공부를 시작했다. 또 대안학교 연구원이 되어 독서 교재 만드는 일에 동참할 수 있었다. 뜻밖에도 책을 읽고 독서 교재를 만드는 작업은 재미있었다. 나름 보람도 느끼고 즐거웠다. 그것이 계기가 되어 남은 삶을 어떻게 살아가야 할지 살펴보는 시간을 가졌다.

그때야 비로소 내가 하고 싶은 일이 무엇인지, 어떤 목적으로 인생을 살아야 할지 발견할 수 있었다. 나는 소망 없이 사는 사람들에게 꿈과 비전을 찾아주고 싶었다. 그리고 세상에 선한 영향력을 발하는 사람을 배출하는데 부족하지만 일조를 하고 싶었다. 그 일환으로 작가와 강연가의 삶을 살아야겠다고 결심했다. 그때가 삼십 대 후반이었다.

그렇게 살아갈 날을 살피고, 어떻게 살아갈 것인지를 구체적으로 디자인하자 내 인생의 많은 부분이 달라졌다. 독서 지도사 공부할 때 감상문 한 편 쓰는 것도 힘들었던 나 자신이 어느덧 12권의 책을 집필했다. 전국으로 강연까지 다니게 되었다. 내가 쓴 책이 학교에서 미래를 꿈꾸며 살아갈 날을 디자인하는 학생들을 위한 교재로 쓰이기도 한다. 내 책을 읽은 누군가로부터 자기 삶에 많은 도움이 되었다는 메일도 받는다. 그런 메일을 받을 때마다 수많은 시간, 책상 앞에서 고민하고 힘쓴 노고가 씻긴 듯이 사라진다.

나는 앞으로도 글을 쓰고, 강연을 하며 누군가의 삶에 잔잔한 울림을 전하며 살고 싶다. 어떤 삶의 결과물을 성취할지 모르지만 난 행복하다. 인생의 의미와 보람, 기쁨까지 맛보며 살아가고 있으니 말이다.

내가 마음속으로 좋아한다고 생각하는 것과 실제로 내가 좋아하는 것은 다를 수 있다. 또 내가 잘한다고 생각한 것과 실제로 잘하는 것에도 차이가 날 수 있다. '진짜 나'를 찾고 발견하려면 끊임없이 시도해보고 경험해봐야 알 수 있다. 관심있는 분야의 전문가를 만나 내 실력을 테스트 받아보기도 하며 진짜 내 실력을 점검해 봐야 한다. 취업을 준비하고 있다면 그 분야의 일터에서 아르바이트와 인턴직에 도전해 그 일을 직접 체험해 볼 필요도 있다. 자신이 원하는 분야를 공부한 선배나 직업의 선배를 찾아가 인터뷰를 해보며 내 열정을 투자하고 인생을 바칠만한지 따져보아야 한다.

이런 일련의 시도와 경험들이 인생을 살피는 과정이다. 그런 과정에서 진짜 내가 살아가고 싶은 삶의 궤적과 방향을 찾을 수 있다.

우리는 세월호 참사를 통해 '가만히 있으면 안 된다'는 사실을 배웠다. 내가 진짜로 원하는 인생을 살기 위해서도 가만히 있어서는 안 된다. 두드리고, 열어보고, 들어가 보고, 만져보고, 느껴보아야 한다. 과연 내가 진짜로 원하는 인생을 살아갈 만한 길인지 말이다. 그러니 제발 가만히 있지 마라.

'삶의 미궁'에서 벗어날 방법을 찾는 것은
실타래 없이 미궁의 입구를 찾는 것과 같다.

04

실타래

미궁에서 하루빨리 탈출하라

● 　　　　　　　　인생의 문제가 내 뜻대로 해결되지 않을 때 우리는 "미궁에 빠졌다"라고 말한다. 미궁迷宮, Labyrinthos은 수많은 통로와 굴곡이 있어서 입구와 출구를 알 수 없어, 한번 들어가면 쉽게 빠져나올 수 없는 곳이다. 인생의 나아갈 길을 찾을 수 없고, 자신이 처한 위치가 어딘지 헷갈리는 상황이라면 미궁에 빠진 것이다. 암울한 미궁 속에서 허덕이고 있다면, 미궁을 만들었던 그리스 시대로 거슬러가 그 해답을 찾아봐야 한다.

미궁은 그리스 남단의 섬나라 크레타 왕 미노스의 지시로 만들어졌다. 미노스가 미궁을 만들라고 한 것은 미노타우로스를 가두기 위해서였다. 왕비 파시파에가 낳은 미노타우로스는 황소의 머리와 인간의 몸을 가진 흉측한 괴물이었다. 미노타우로스의 먹이는 사람이었다. 게다가 어린아이들만을 잡아먹었다. 미노스는 미노타우로스가 친자식이라곤 해도, 사람을 먹는 것을 가만히 둘 수 없었다. 그랬다가는 백성들까지 피해를 볼 수 있기 때문이었다.

보다 못한 미노스 왕은 다이달로스를 시켜 미궁을 만들도록 지시한다. 한번 들어가면 쉽게 빠져나올 수 없도록 감옥 같은 궁을 만들게 한 것이다. 그리곤 미궁에 미노타우로스를 넣고 문을 잠갔다.

미노스 왕은 미노타우로스를 미궁에 가두기는 하였지만 굶겨 죽일 수는 없었다. 미노타우로스가 사람을 잡아먹지만 그래도 자기 자식이 아닌가. 그래서 당시 힘이 없는 아테네 왕 아이게우스를 협박해 매년 14명의 소년·소녀를 제물로 바치게 했다. 그들을 미노타우로스에게 던져 주기 위해서였다.

해마다 사랑하는 백성을 보내야 하는 아이게우스 왕의 마음은 몹시 아팠다. 어린 자녀들을 미노타우로스의 먹이로 제공해야 하는 아테네인들의 심정도 참담했다. 특히 트로이젠에서 아버지 아이게우스 왕을 찾아와 아테네의 왕위계승자가 된 테세우스의 마음도 찢어질 듯 아팠다. 문제를 해결하지 않으면 앞으로도 얼마나 많은 백성을 희생시켜야 할지 몰랐다. 그래서 자신이 미노타우로스를 처단하기 위해 14명의 제물 틈에 끼어 크레타로 간다.

그런데 크레타의 공주 아리아드네가 테세우스에게 한눈에 반하고 만다. 테세우스가 다시 돌아올 수 없는 미궁으로 들어가는 것을 볼 수 없었던 아리아드네는 다이달로스를 찾아가 도움을 청한다. 그는 실타래를 주면서 미궁에서 빠져나갈 수 있는 방법을 가르쳐준다. 아리아드네는 테세우스가 미궁으로 들어갈 때 실타래를 건네준다. 실을 풀어 입구를 찾기 위해서였다. 그리하여 테세우스는 아리아드네가 알려준 대로 미궁의 입구에 실을 매고 실타래를 풀면서 안으로 들어갔다. 생긴 모습뿐만 아니라 싸움도 잘했던 테세우스는 미궁의 가장 안쪽에 있던 미노타우로스를 죽인다. 그리고 풀어놓았던 실을 당기며 무사히 미궁을 탈출한다. 실타래가 도저히 빠져나올 수 없는 '죽음의 미궁'에서 탈출하도록 도운 것이다.

여러모로 미궁은 우리의 삶과 닮았다. 우리 삶에서도 어디로 가야 할지 모르는 미궁에 빠져 있다면 '실타래 방법'을 써 보는 것이 좋을 듯하다. 여기서 실타래는 자신이 왔던 길로 돌아가는 것을 뜻한다. 이것을 우리 삶에 적용해보면 지금까지 어떤 선택과 결정으로 삶을 이어왔는지, 조금이라도 마음에 기쁨을 주거나 보람을 느꼈던 것은 무엇이 있는지, 실패와 좌절을 겪었다면 그 원인은 무엇인지 살피는 행동이 필요하다. 즉 지나온 삶의 실타래를 따라가며 실패의 원인을 찾아보는 것이다. 문제가 무엇인지 알아야 그에 따른 해답도 찾을 수 있기 때문이다.

한 가지 유념해야 할 것은 과거의 삶에 매몰되면 안 된다. 실수와 실패의 근원이 발견되면 그 해답을 찾는 일에 역량을 집중해야 한다. 그렇지 않고 과거에 얽매여 버리면 오히려 역효과가 난다.

독일의 철학자 니체Friedrich Nietzsche의 말을 들으면 이해가 간다.

"과거의 기억이 머릿속에 가득 차 있으면 새로운 것을 받아들일 수 없다. 과거에 집착하는 사람은 새로운 것을 낯선 것, 불편한 것으로 받아들이고, 결국 변화보다 불변, 차이보다 동일성에 의존하게 된다."

과거는 오늘의 삶을 이해하고 발견하는 데만 필요하다는 것을 꼭 기억해야 한다. 만약 과거의 삶을 되짚어 보아도 해답을 발견할 수 없다면 다른 방법이 필요하다. 그러려면 실타래 없이 미궁을 탈출한 다이달로스의 이야기를 살펴보아야 한다.

미노타우로스를 죽인 것은 테세우스이지만 미궁을 탈출하는 방법은 다이달로스가 알려 주었다. 그 사실을 안 미노스 왕은 다이달로스를 미궁에다 가둬버린다. 자식을 죽인 원흉이 바로 다이달로스라고 생각한 것이다. 얼마나 화가 났는지 미노스 왕은 다이달로스의 아들 이카로스까지 가둔다. 미궁을 설계한 것은 다이달로스 자신이었지만, 얽히고설킨 미로에서 출구를 찾을 수 없었다. 자신에게는 실타래가 없었기 때문이다. 걸어서는 도저히 미궁을 빠져나올 수 없다는 것을 안 다이달로스는 밀랍과 깃털로 날개를 만든다. 날아서 미궁을 빠져나가겠다는 의도였다.

손재주가 뛰어났던 다이달로스는 두 개의 날개를 완성했다. 그리고 미궁을 빠져나오기 전 이카로스에게 조언한다. '너무 높게도 낮게도 날지 말라'는 것이었다. 미궁을 빠져나오려면 반드시 바다를 건너야 하는데 너무 높이 날면 태양의 열기에 날개를 붙인 밀랍이 녹아버릴 것이고, 그렇다고 너무 낮게 날면 바다의 습기가 날개를 무겁게 할 것이 분명했다. 하지만 이카로스는 아버지의 경고를 무시하고 너무 높게 날아오르다 깃털을 붙여놓은 밀랍이 녹아 그만 바다에 추락해 죽고 만다.

어쨌든 미궁을 빠져나올 수 있는 두 번째 방법은 '날아오르는 것'이다. 그렇다고 해서 인생이 미궁에 빠졌을 때 우리도 하늘로 날아올라야 한다는 말이 아니다. 삶의 문제를 바라보는 관점을 달리해야 한다는 의미다.

'삶의 미궁'에서 벗어날 방법을 찾는 것은 실타래 없이 미궁의 입구를 찾는 것과 같다. 이럴 때는 자신이 처해 있는 상황을 한눈에 볼 수 있는 곳으로 가야 한다. 숲속에서 헤매는 것이 아니라 산 전체를 볼 수 있는 등성이를 찾아야 하는 것이다. 자신의 인생을 한눈에 볼 수 있는 방법 중 하나는 내 삶을 꿰뚫어 보고 있는 사람을 찾아가는 것이다. 주변 사람들에게 도움을 청하는 방법이다. 또 하나는 현재 삶에서 벗어나 보는 것이다. 미궁을 벗어나 전체를 볼 수 있는 장소로 옮겨 보는 것이다.

삶의 위치를 달리 보는 방법 중 하나는 여행이다. 여행을 하며 낯선 곳에서 내가 살았던 곳을 보면 뜻밖에 내 삶의 문제가 훤히 보일 수 있다. 명상도 좋은 방법이다. 분주한 삶에서 벗어나 조용한 곳에서 차분하게 삶의 궤적을 살펴보는 것이다. 삶의 전체적 조감도鳥瞰圖를 볼 수 있는 방법 중 명상을 추천한 사람이 많다. 그만큼 효과를 본 사람이 많다는 증거다.

여러 가지 좋은 조언이 있어도 직접 해보지 않으면 의미가 없다. 반드시 자신의 삶을 스스로 조망해 볼 수 있어야 현재의 위치는 물론 앞으로 나아갈 길도 발견하고 헤쳐 나갈 수 있다. 미궁에서 빠져나와야 인생의 시야가 트이고 삶의 길도 살필 수 있다.

자신이 진짜 원하는 인생도 의문을 품고
답을 찾으려는 간절한 노력이 동반되어야 살아갈 수 있다.

05

통찰력

살아갈 세상을 읽어내라

우리는 하루가 다르게 변화되는 세상 속에 던져져 있다. 최첨단기기들은 하루가 멀다 하고 세상을 지배한다. 4차 산업혁명은 미래를 가늠하기 힘들 정도로 급속하게 발전을 거듭하고 있다. 사회구조와 정치 구도도 급격하게 변화하고 있다. 하루 앞을 예측하기 힘든 불확실한 격랑 속에서 우리는 살아가야 한다. 안개 속 같은 삶을 우리는 어떻게 살아가야 할까?

불확실한 미래를 살아가는데 필요한 역량은 여러 가지다. 그 중에 강력한 한 가지를 추천한다면 통찰력이다. 통찰력이 있으면 현재와 미래를 꿰뚫어 볼 수 있다. 나아갈 길의 모습을 훤히 볼 수 있으니 승리의 삶을 살아갈 수 있다.

우리는 시시각각 변화하는 미래를 완전히 예측해 낼 수 없다. 하지만 변화가 일어나기 전의 조짐은 발견할 수 있다. 변화가 이루어지기 전에는 그에 상응한 신호가 있기 마련이다. 그것을 기미幾微라고 한다. 변화가 이루어지고 있으면 낌새나 조짐이 보인다는 것이다. 기미는 잘 드러나지 않는다. 하지만 어떤 사람은 기미를 보고 준비를 한다. 그 조짐과 기미를 알아챌 수 있는 능력이 있으면 살아갈 날을 미리 대비할 수 있다.

《주역周易》의 〈계사전繫辭傳〉에 기미와 관련된 이야기가 있다.

"기미를 아는 것은 신일 것이라, 군자가 윗사람과 사귀며 아첨하지 않고 아랫사람을 사귀며 함부로 하지 않으니 그 기미를 안 것이다."

"장차 배신할 사람은 그 말에 부끄러움이 있고, 마음속에 의심이 있는 자는 그 말이 갈라진다. 길한 사람의 일에는 말이 적고 조급한 사람은 말이 많다. 선을 속이는 사람은 그 말이 놀고 지조를 잃은 사람은 그 말이 비굴하다."

인간관계에서도 기미를 보면 그 사람이 품고 있는 마음을 알 수 있다는 것이다.

기미는 무슨 일에서든지 나타난다. 한 번의 큰 재앙이 일어나기 전에 유사한 29번의 경고와 300번의 징후가 나타난다는 내용의 '하인리히 법칙Heinrich's Law'이 그것을 증명해준다. 재앙적인 수준의 큰일이 일어나기 전에 수많은 기미가 나타났다는 것이다. 그래서 삶에 나타난 여러 가지 기미를 알아차릴 수 있는 능력이 필요하다.

우리 삶의 기미를 읽어내는 것 중 인문학人文學만한 것은 없다. 인문학은 말 그대로 사람에 대해 공부하는 학문이기 때문이다. 사람이 어떻게 살아왔고, 앞으로 어떻게 살아가야 하며, 자유로운 주체로서의 삶을 살아가는 방법과 이미 살아왔던 삶의 궤적을 살필 수 있도록 해준다. 또한 사람답게 살아가는 법도 알게 한다. 사람답게 살아가려면 인간의 본성과 존재 이유는 물론 미래의 삶과 세상도 볼 수 있어야 한다. 인문학의 범주에 속하는 역사와 철학, 문학과 신화, 다양한 예술은 어떻게 참 세상을 살아가야 하는지 읽어낼 수 있는 기회를 제공한다.

우리는 정답을 외우는 시대에 살았다. 생각하고 사색하며 나아갈 길을 열어가도록 교육받은 것이 아니라 정해진 길을 잘 따라가도록 훈련받았다. 지금 우리 교육체계의 근간이 된 일제 강점기의 교육령이 그것을 증명한다. 일본은 생각하며 살지 못하도록 우민화愚民化정책을 폈다. 그 일환으로 실업교육과 전문교육에 박차를 가했다. 겉으로 보기에는 당장 끼니를 해결하고 기술을 배워 성장할 수 있을 것 같았다. 실제로 그런 교육의 영향으로 삶의 질이 달라지기도 했다.

하지만 그에 대한 대가도 톡톡히 치러야 했다. 스스로 삶의 길을 열어가는 것이 아니라 길들여진 삶을 살았던 것이다. 누군가 제시해주는 정답을 외우고 그것대로 따랐지, 삶을 주도적으로 개척하며 나아가지는 못했다. 그러다 보니 많은 사람들이 운명론에 휩싸였고 시대와 환경을 탓했다. 한때는 부당한 사회와 시스템에 저항하기도 했지만, 지금은 그렇지 못하다. 오늘 하루를 버티며 살기도 벅차다. 스스로 삶의 길을 생각하고 나가지 못한 결과이다.

대답에 길들여진 삶은 창의와 융합이 요구되는 시대에 부응하며 나아가기 힘들다. 앞으로 일어날 기미를 발견하기도 어렵다. 대답하는 사람은 기존의 것으로 사는 사람이기에 그렇다. 이미 있는 지식이나 이론을 잘 먹어서 그대로 뱉어내는 사람이다. 사람들은 기존의 지식을 잘 소화해서 누군가의 요구에 대답을 잘하면 똑똑하다고 한다. 하지만 거기까지다. 그렇게 대답한 것은 자신이 사유한 결과물이 아니다. 누군가의 것을 그대로 여과시켜주기만 했을 뿐이다. 그러기에 대답하는 사람은 새로운 것을 미리 볼 수 있는 능력을 키우기 힘들다.

그에 반해 일부 기득권층들은 '다른 교육'을 받았다. 그들은 길들여진 교육이 아닌 스스로 생각하며 삶의 길을 열어가는 인문고전 교육을 집중적으로 받았다. 또 인생의 문제를 해결하는 지혜를 키워나갔다. 즉 통찰력을 기르는 교육을 받은 것이다. 이렇게 현실을 직시하고 미래를 예측하며 자신들만의 성을 견고하게 쌓아갔다. 그때 쌓아 올린 성벽은 지금도 건재하다. 이제는 철옹성이 되어 어지간한 힘으로는 허물 수 없는 지경에 이르렀다. 부의 대물림, 개천에서 용 나지 않는 사회가 그것을 증명한다.

그런데도 사람들은 그 성벽을 무너뜨리려고 생각하지 않는다. 일부 깨어 있는 사람들이 목소리를 높이지만, 함께 힘을 모아 행동하지 않는다. 당장 내 삶의 앞날을 헤쳐 나가기도 벅차기 때문이다. 먼 미래를 볼 수 있는 안목이 없는 것도 한몫한다. 그러기에 우리 스스로 인문정신으로 무장해야 한다. 대답만 잘하는 '착한 사람'이 아니라 현실을 명확하게 진단하고, 나아갈 길을 꿰뚫어 볼 수 있는 능력을 함양하는 노력을 기울여야 한다.

인문학의 힘은 정답을 가르쳐주지 않는 것에 있다. 삶을 스스로 여는 길이나 일을 잘하는 방법, 당면한 인생의 어려움을 헤쳐 나갈 구체적인 방법을 직접 알려주지 않는다. 대신 인간 삶의 여러 부분을 보여주고, 스스로 생각하며 답을 찾아가도록 돕는다. 인간의 본성, 존재의 의미와 이유를 여러 관점에서 바라볼 수 있는 단서를 제공해 준다. 기미를 포착할 능력을 기를 수 있도록 해 주는 것이다.

이런 능력을 바탕으로 현실과 미래, 내 삶의 문제를 통찰할 수 있도록 이끈다. 해답 대신 질문을 던지게 한 것이다. 다양한 삶의 문제에 대한 질문을 던져주며 답을 찾아보라고 유도한다.

질문을 하려면 용기가 있어야 한다. 내면에서 일어나는 궁금증과 호기심을 해결하려면 도전이 필요하다. 무모한 도전까지도 말이다. 무엇보다도 궁금한 것을 누군가에게 질문해야 한다. 그런 과정에서 때로는 황당한 질문을 던질 수 있다. 엉뚱하다는 소리를 들을 수도 있다. 이치에 어긋날 수도 있는 것들에 굴하지 않아야 질문을 던질 수 있다. 나아가 마음속에 드는 의문을 지나쳐서는 곤란하다. 의문에 반응하지 않으면 질문으로 이어질 수 없고, 삶을 읽어낼 수도 없다.

질문으로 이어지는 의문은 관심에서 비롯된다. 관심이 있어야 호기심과 궁금증을 불러일으킬 수 있다. 나의 현재 인생에 대한 관심, 내가 살아가고 있는 사회에 대한 관심, 나아가 내 인생이 어떻게 펼쳐질 것인지에 대한 관심도 끊임없이 가져야 한다. 관심을 가지지 않는 순간 더 나은 미래는 보장받을 수 없다.

2차 세계대전 당시 독일에 맞서 레지스탕스 résistantialisme 활동을 했던 스테판 에셀Stephane Hessel은 이렇게 말한다.

"무관심이야말로 최악의 태도다. 분노해야 할 일에 분노하지 않는
것만큼 나쁜 일은 없다."

민주주의를 위협하는 요소에 분노하며 레지스탕스 운동을 한
그가 '다시 분노하라'고 말한다. 민주주의가 위협받고, 인권이 무
시되는 상황에서는 분노할 수 있어야 한단다. 그래야 사회와 삶
을 '좋은 쪽'으로 발전시킬 수 있단다.

그렇다. 분노는 의문에서 출발한다. 나라의 현실과 미래에 대한
의문이 들지 않는데 어떻게 독립운동을 할 수 있겠는가. 사회에 대
해 무관심한데 어떻게 투표에 동참할 수 있겠는가. 불합리한 사회
현실에 대한 관심이 없는데 어떻게 분노할 수 있겠는가. 그러니 내
삶과 사회에 대한 끊임없는 관심과 의문을 품어야 더 나은 사회
를 만들어 갈 수 있다. 그 사회 속에서 내 삶의 질도 향상된다.

인문정신으로 무장하는 밑바탕은 의문이다. 그 의문에서 통찰
력이 생긴다.

독일의 대문호 괴테J. W. Goethe의 말을 들어보자.

"의문은 언제까지나 의문 수준에 머물러 있지는 않아. 의문은 정신
을 자극하여 더욱 상세한 연구와 시험을 하도록 하고, 이것이 완전

한 방식으로 이루어지면 우리는 거기에서 확신을 하게 되지. 바로 이것이 목표이며, 여기서 인간은 완전한 만족감을 찾아내게 되네, 통찰력을 얻었다고 할 수 있지. 우리가 의문을 통해 끌어낼 수 있는 최고의 수확이 바로 그것이야."

다행히도 '촛불 문화'는 원하는 것을 위해 함께 목소리를 내고 힘을 합치면 '바꿀 수 있다'는 것을 알게 했다. 자신이 진짜 원하는 인생도 의문을 품고 답을 찾으려는 간절한 노력이 동반되어야 살아갈 수 있다.

인문정신이 통찰력을 기르는데 최고라고 인정하는 데는 많은 사람이 동의한다. 하지만 인문학 하면 '어려운 것이다'라는 선입견에 휩싸여 가까이하는 것을 주저한다. 그래도 등한시할 수 없다. 이미 시대가 요구하는 학문이 되었기 때문이다. 그러므로 거창한 담론과 이론을 습득해야 하는 부담감에서 벗어나 스스로 질문을 던지고 생각하며 삶의 길을 열어갔으면 한다.

세상이 흘러가고 있는 현상에 의문을 던지고 답을 발견하도록 힘써 보자. 한 권의 인문학책을 읽더라도 그 책에서 전하는 메시지에 반응해 보자. 단 한 문장이라도 그 의미를 삶에 실천해 보자. 그런 작은 노력들이 모이고 쌓일 때 삶과 세상을 읽어내는 통찰력이 생길 수 있다.

내 삶에 대해 얼마만큼 생각의 시간을 기울이고
효과적으로 생각할 수 있느냐가 인생의 성패를 좌우한다.

06

바둑판

깊이 생각한 후에 착점하라

● 　　　　　　　　　　바둑판은 가로와 세로 각 19줄로 되어
있다. 나무판에 그려진 361곳에 검은 돌과 흰 돌을 번갈아 착점
着點하며 한판의 바둑을 둔다. 가로와 세로 19줄 안에서 펼쳐지는
대국이지만 지금까지 똑같은 대국은 한 번도 없었다고 한다. 변
화무쌍한 한판의 바둑이 계속 이어지고 있는 것이다. 그래서 사
람들은 바둑을 보고 인생사에 비유한다. 대표적인 사람이 북송北
宋의 문호 소동파蘇東坡이다. 그는 "세상사란 그저 한판의 바둑과
같다世事棋一局"라고 했다. 수많은 사람들이 삶을 살아가고 있지만,
똑같은 삶이 하나도 없었던 것을 보면 고개가 끄덕여진다.

　몇 해 전 선풍적인 인기를 끌었던 드라마 〈미생〉도 바둑을 소
재로 했다. 미생未生은 말 그대로 '아직 살아 있지 못한 돌'이라는
의미다. 바둑은 두 집을 만들어야 완생完生이라고 한다. 두 집을 만
들지 못하면 돌의 몸집이 아무리 커도 죽은 돌이다. 살아있지 않
으면 끊임없이 공격을 받는다. 〈미생〉은 그런 바둑의 용어와 이
치를 예로 들며 직장생활의 애환을 그려냈다. 치열한 사회생활에
서 살아남아 완생하려면 어떻게 해야 하는지를 풀어나간 것이다.
한판의 바둑과 같은 인생사를 실감 나게 풀어내 사람들의 공감을
이끌어내 성공적인 드라마가 되었다.

　사람들은 바둑을 인생사에 비유하고, 바둑에서 인생의 깨달음

을 찾는다. 그래서 우리 삶에는 유난히 바둑 용어가 많이 등장한다. 특히 정치권에서 많이 사용한다. 바둑판의 흑백 싸움처럼 여당과 야당이 대립할 때 현상을 바둑 용어로 표현한다. 악수惡手를 두었다느니, 포석布石이 잘못되었다느니, 정치적 행마行馬가 어땠는지, 자충수自充手를 두어 실패했다느니 한다. 이외에도 초강수, 묘수, 무리수, 승부수, 꼼수, 호구, 꽃놀이패와 같은 용어도 자주 듣는다. 바둑 용어만 잘 이해해도 인생사 문제 해결에 도움이 될 것 같다.

한판의 바둑에서 승부를 낼 수 있는 사람은 온전히 자신뿐이다. 혼자 힘으로 상대와 겨뤄야 한다. 친선게임에서는 옆에서 훈수를 두는 경우도 종종 있다. 옆에서 보면 돌의 사활死活도 잘 보이고 어떻게 행마를 해야 할지 쉽게 보인다. 그러나 훈수를 참고해서 바둑을 두면 경기에는 이길지 모르지만, 실력 향상에 별 도움이 되지 않는다. 자신이 생각한 수가 아니기에 그렇다. 한번 훈수를 받으면 계속해서 누군가를 의지해야 한다. 스스로 생각해 돌을 놓지 않고 훈수를 기다리다 보면 좋은 바둑을 둘 수 없다.

우리의 삶도 다르지 않다. 누군가의 조언으로 인생의 미래를 그려볼 수 있지만, 그 삶을 살아내야 하는 사람은 온전히 자신의 몫이다. 조언과 훈수를 해준 사람이 대신 살아줄 수 없는 게 인생이다. 그런데도 많은 사람들이 누군가의 훈수만 기다린다. 자기 스스로 인생을 생각하며 한 수 한 수 인생의 돌을 놓으며 가야 하는데 그렇게 하지 않는다. 훈수에 길들여지면 스스로 생각할 수 없고 오롯이 자신의 삶을 살아갈 수 없다.

초보자 입장에서 프로 바둑을 보면 답답하다. 한 수 두는데 수십 분씩 생각하고 두기에 그렇다. 어떨 때는 한 시간 이상을 허비할 때도 있다. '한 수 두는데 뭔 생각을 저리도 많이 할까'라는 생각을 하는 것이다. 이것은 바둑의 깊이를 이해하지 못하는 사람들의 사고방식이다. '진짜 바둑'은 한 수를 둘 때마다 생각하고, 또 생각하며 최고의 선택을 해야 한다. 몇 수 앞을 내다보고 상대의 수도 예측하며 여러 경우의 수를 따져보고 되짚어 보아야 한다.

한 수가 승패를 좌우하는 시작점이다. 한 수를 잘 두어야 다음 수도 잘 풀어갈 수 있다. 그래야 좋은 바둑, 승리하는 바둑을 둘 수 있다. 바둑은 어쩌면 생각의 싸움이라고 할 수 있다. 바둑의 대가 조훈현은 "바둑은 곧 생각"이라고 말한다.

그는《조훈현, 고수의 생각법》에서 잉창치應昌期배 결승 마지막 대국에서 승리의 비결을 이렇게 밝혔다.

"집중, 집중……. 나는 고요한 생각의 결 안으로 들어갔다. 천천히. 천천히……. 거칠었던 호흡이 편해지는 것이 느껴졌다. 순간 주변의 모든 것이 사라졌다. 네웨이핑도 보이지 않고 진행요원들도 사라졌다. 조바심도 초조함도. 심지어 이기고자 하는 욕망까지도 사라졌다. 바둑과 나. 단둘만 남았다. 그 절대적인 고요의 순간. 모든 것이 선명하게 보였다. 그래. 바로 여기구나!"

우리의 삶도 생각의 능력에 따라 달라진다. 앞으로 어떤 인생을 살아갈 것인지 자기 인생에 대해 치열하게 생각할 수 있어야 패착을 줄일 수 있다. 현재 상태를 살피고 앞으로 나아갈 인생의 방향 아래 어떤 선택을 하며 나아가야 할지 쉼 없이 생각을 벼려내야 한다. 생각할 수 있는 만큼 성장할 수 있다. 자신만의 인생도 살아갈 길도 찾아낼 수 있다. 결국, 내 삶에 대해 얼마만큼 생각의 시간을 기울이고 효과적으로 생각할 수 있느냐가 인생의 성패를 좌우한다.

다시 조훈현의 말을 들어보자.

"사실 우리 주변에서 벌어지는 모든 문제들은 조금만 더 생각하고 행동했다면 벌어지지 않을 수도 있었던 일들이다. 깊게 생각하지 않은 대가는 생각보다 크다."

역시 생각의 깊이만큼 인생이 달라진다는 의미다.

바둑 한판을 두고 나면 대국자는 복기復棋라는 것을 한다. 복기는 한 번 두고 난 바둑의 판국을 비평하기 위하여 대국자가 두었던 대로 처음부터 다시 돌을 놓으면서 따져보는 과정을 말한다. 형편없이 진 경기에서 복기를 한다는 것은 쉽지 않다. 패배로 인한 감정을 주체할 수 없기에 그렇다. 그런데도 왜 복기를 할까? 복기를 해야 무엇을 잘했고 무엇을 잘못했는지 정확히 알 수 있기 때문이란다.

조훈현은 복기의 중요성을 이렇게 말한다.

"복기의 의미는 성찰과 자기반성이다. 이것은 깊이 있는 생각을 바탕으로 하며 겸손과 인내를 요구한다."
"아파도 뚫어지게, 아플수록 더욱 예민하게 들여다봐야 한다."

복기 과정이 아무리 힘들어도 치열하게 자신이 두어온 바둑 전체를 살펴봐야 한다는 것이다. 그래야만 다음 판에서 같은 실수를 반복하지 않는다. 우리 인생도 실수를 줄이고 조금 더 의미 있는 삶을 살려면 살아온 삶을 돌아보아야 한다. 고대 그리스 철학자 소크라테스Socrates는 "돌아보지 않는 삶을 가치가 없다"고 했다. 또 덴마크 철학자 키르케고르Søren Kierkegaard는 "인생은 오직 뒤를 돌아보아야만 이해된다"고 말했다. 한마디로 인생의 복기 과정이 필요하다는 말이다. 그래야 같은 실수를 반복하지 않고, 더 나은 미래를 기약할 수 있다.

가로와 세로 19줄로 된 바둑판에는 수많은 경우의 수가 발생한다. 수많은 씨줄과 날줄로 엮어진 우리 인생의 경우의 수는 바둑판과 비교할 수 없을 정도로 무수히 많다. 그런 변화무쌍한 삶에서 나아갈 방향을 설정하고 가려면 반드시 생각하고 생각하는 시간이 필요하다. 한 수를 두더라도 수십 분을 생각하며 착점한 바둑 기사처럼 단 한 번의 선택일지라도 생각하고 사색하며 결정해야 한다.

또 지나온 삶을 복기하며 무엇이 잘못되었는지 살피는 과정도 필요하다. 자기 성찰과 반성부터 해야 인생의 의미와 행복을 찾을 수 있고, 나아갈 길을 모색할 수 있다.

'나는 오늘 인생의 바둑판에서 어떤 돌을 두었는가?'

스스로 만족할 수 있는 인생은 자신이
삶의 주인이 되고 창조적인 삶을 살아갈 때 가능해진다.

07

레시피

나만의 비법을 만들어라

요리 프로그램이 대세이다. 요리 잘하는 셰프들이 제2의 전성기를 누리고 있다. 요리로 매력을 발산한 연예인은 광고계를 휩쓸며 연일 주가를 올리고 있다. 채널만 돌리면 맛집을 찾아가 음식을 먹고, 자기만의 비법으로 요리해서 성공한 이들이 나온다. 방송을 보고 있노라면 침샘이 마르지 않는다.

　요리계를 주름잡고 있는 이들이 시청자의 관심을 끄는 것은 그들만의 차별화된 레시피Recipe다. 자신이 터득하고 개발한 레시피로 미각과 시각은 물론 시청자의 마음까지 사로잡는다. 그중에서도 수더분한 웃음과 느린 말투로 방송을 장악한 백종원은 단연 압권이다. 그가 방송에서 레시피를 공개하면 남자들까지 마트로 향한다고 한다. 쉬우면서도 맛까지 사로잡을 수 있는 레시피가 있으니 자신들도 한번 요리를 해보겠다는 것이다. 덕분에 조리 기구 회사까지 함박웃음을 짓는단다. 남자들은 뭘 시작할 때면 멋진 도구부터 챙기지 않는가. 어쨌든 남자들을 주방으로 향하게 하는 것은 백종원만의 레시피 때문이다.

　나도 백종원의 레시피가 방송에 나오면 반드시 만들어 본다. 백종원이 알려준 레시피대로 요리를 하면 어렵지 않게 음식이 만들어진다. 요리의 문외한인 나도 쉽게 따라 할 수 있다. 내가 요리하면 먼저 아내가 좋아한다. 아이들도 맛있게 먹어 준다. 아니, 먹어 주는 것이 아니라 진짜 맛있게 먹는다. 음식이 맛있으니까. 그건 내 요리 실력 때문이 아니다. 순전히 백종원 아저씨 덕분이다.

레시피의 힘은 이렇게 강하다. 재료의 양, 불 조절 방법, 요리의 타이밍, 순서 등 조리법의 모든 것이 담겨 있으니 말이다. 그래서 유명 맛집은 레시피가 새어나갈까 봐 전전긍긍한다. 대대로 내려온 비법이 공개되면 장사는 끝이기 때문이다. 어떤 집은 자식에게도 비법을 전수해주지 않는 것을 보았다. 정말 중요한 비법은 혼자만의 공간으로 들어가 만든다. 비법을 전수해 줄 때가 오기 전까지 절대 가르쳐 주지 않는다. 유명 맛집에는 비법을 배우려는 사람이 줄을 선다. 어떤 집은 비법만 전수하는데 수억 원을 받기도 한단다. 레시피만 가르쳐주는데도 말이다.

그런데 진짜 성공한 음식점은 누군가의 레시피만을 따라 해서 만들어지지 않는다. 누군가에게 배워온 레시피는 한계가 있기 때문이다. 그래서 자신만의 고유하고 독창적인 비법을 만들어내려고 혼과 열정을 쏟아붓는다. 오래도록 명성을 유지해 나가는 비결은 여기에 있다.

자신이 노력해서 만든 레시피는 얼마든지 응용이 가능하다. 계절과 상황에 따라 시기적절하게 활용할 수 있다. 다양한 메뉴로 발전시킬 수도 있고, 창의적인 음식도 만들어 낼 수 있다. 변화하는 상황에 대처할 수 있는 능력을 갖추고 있는 것이다. 이런 사람이 오래도록 명성을 이어갈 수 있다.

진짜 '공부의 신'은 누군가의 공부법을 따라 하는 것이 아니라 자신에게 맞는 공부법이 있는 것과 같다. 공부 꽤나 한다는 친구들의 이야기를 들어보면 어김없이 저마다의 공부법이 있다.

자신만의 고유한 세계를 추구하는 사람을 '예술가'라고 한다. 예술가는 있는 것을 그대로 구현하지 않는다. 자신만의 독특하고도 창의적인 방법으로 표현해 낸다. 누군가의 레시피를 그대로 따라 하지 않는다는 것이다. 우리는 누군가의 레시피를 따라 하는 것을 예술이라고 말하지 않는다. 예술은 무에서 유를 창조해 내는 것을 말한다.

그런데 어떤 한 분야에서 '예술의 경지'에 오르려면 그와 관련된 수많은 레시피들을 이해하고 있어야 가능하다. 예를 들어 피아노 연주로 예술가, 아티스트가 되려면 피아노의 기능을 제대로 알아야 한다. 피아노의 기능뿐만 아니라 음악이론과 음악의 체계까지 이해하고 있어야 더 높은 단계의 음악으로 올라갈 수 있다. 그래야만 창조적인 음악의 세계를 발현해 내게 된다.

'예술가적인 삶을 산다'는 것을 우리의 삶에 적용하면 '자신이 원하는 삶을 사는 것'이라고 말할 수 있다. 삶의 주인공이 바로 자기 자신이 되는 것이다. 즉 누군가의 레시피가 아닌 자신이 개발하고, 터득하고, 창조해낸 레시피로 사는 인생을 말한다. 또 치열하게 나아갈 길을 연구하고 고민하며 나아가는 삶이다. 자신이 누구이며, 어떻게 살아가야 하고, 어떤 삶을 창조해야 하는지를 생각하고, 또 생각하며 자신만의 고유한 삶의 길을 발견하는 것이다. 한마디로 다른 사람의 레시피에 휘둘리지 않는 삶이다. 그런 삶에 후회가 없다.

성공적이냐 아니냐의 평가는 중요하지 않다. 우리 삶은 누군가 제시해놓은 행복의 조건에 맞춰 살아야 하는 것이 아니기 때문이다. 행복은 누군가 제시해 놓은 잣대를 충족했을 때 얻어지는 것이 아니다. 자신이 원하는 삶의 목적을 구현해 나가며 만족감을 느낄 때 행복은 찾아온다. 스스로 만족할 수 있는 인생은 자신이 삶의 주인이 되고 창조적인 삶을 살아갈 때 가능해진다.

나만의 레시피로 만족감을 느끼며 살아간다는 것은 평범함을 거부하는 것이 아니다. 여느 사람들과 달리 독특함을 추구하는 것도 아니다. 다른 사람들이 걷지 않는 생소한 길을 걸어가는 인생도 아니다. 자신이 누구이며, 원하는 삶이 어떤 것인지 알고, 자기의 길을 걸어가는 것이다.

그렇게 자신의 인생길을 걸어가려면 자신이 걸어가려는 분야의 레시피 정도는 꿰고 있어야 한다. 다른 누군가의 레시피가 전혀 소용없는 것이 아니라는 말이다. 누군가 일궈놓은 레시피들을 찾아 연구하며 자신의 것을 만들 수 있어야 한다. 자기 분야의 레시피들을 이해하지 않고서는 성장하기 힘들기 때문이다.

내 삶을 변화시켜 줄 비법, 즉 레시피는 어디로 가면 찾을 수 있을까? 가장 손쉽게 레시피를 구하는 방법은 책이다.

도서관으로 달려가면 인류가 연구하고 이룩해놓은 수많은 레시피들이 놓여 있다. 일생을 투자해 얻은 결과물들을 발품만 팔고 시간만 투자하면 만날 수 있다. 그곳에서 자신이 관심 있는 분야의 책 100권만 읽어 보아라. 그러면 그 분야의 웬만한 레시피는 거의 통달할 수 있을 것이다. 그것을 바탕으로 자신만의 레시피를 창조하면 인생을 열어갈 비책이 만들어진다.

지금 내 삶의 단계는 어디쯤인가? 자신이 걸어가려는 길을 준비하는 단계인가? 그렇다면 누군가의 레시피들을 찾아내어 연구하고 자신의 것으로 만들어야 한다. 그리고 그 레시피들을 바탕으로 새로운 창조물들을 만들어 갈 수 있도록 지속적으로 시도하고 도전해 보아야 한다. 기존의 재료에 새로운 재료를 덧입혀보고 섞어보아야 한다.

다른 재료를 대체하며 나만의 차별화된 창조물들을 만들어보는 것도 필요하다. 그런 과정에서 그 누구도 흉내낼 수 없는 '나만의 레시피'가 완성된다. 즉 '내 인생의 주인공은 바로 나 자신'이라고 확실히 인식하고 살아갈 수 있다. 이것이 자신이 나아가려는 인생길의 첫걸음이다.

자신이 좋아하는 것들을 찾아 나서는
용기있는 행동들이 쌓여서 '진짜 나다움'이 나타난다.

08

나다움

나는 무엇을 할 때 기쁜가

인생의 길을 살필 때 가장 큰 화두는 바로 나다움이다. '나는 누구인가?'에 대한 질문을 던진 것도 나다운 삶을 살고 싶어서이다. 누구에게도 휘둘리지 않는 온전한 나로 살아가기 위해서 우리는 끊임없이 삶에 질문을 던지고, 또 답을 찾으려 힘쓴다. 결국 우리 삶의 행복은 나다움이 무엇인지 찾고 나답게 살아가는 것이다.

이런 고민은 비단 우리 시대만의 문제는 아니었다. 저 멀리 로마시대의 철학자들로부터 피와 혼돈의 중국 춘추전국시대春秋戰國時代까지 거슬러 올라간다. 그때 사람들도 '나답게 살아가는 것'을 인생 최고의 가치로 여겼다.

로마의 철학자 세네카L. A. Seneca의 말부터 살펴보자.

"분주한 자들은 하나같이 처지가 딱하지만, 그중에서도 자기 일에 분주한 것이 아니라 남의 잠에 맞춰 자기 잠을 조절하고, 남의 걸음에 보조를 맞추고, 사랑과 증오에서 남의 지시를 받는 자들의 처지가 가장 딱하다. 인생에서 자신의 것이 얼마나 적은지 생각해보라."

세네카보다 300여 년은 앞서 산 장자莊子도 나답게 살아가는 것이 중요하다고 말한다.

《장자莊子》의 〈추수편秋水傳〉에 나오는 이야기다.

중국 전국시대 조나라의 도읍인 한단邯鄲에 살고 있는 사람들의 걸음걸이는 특별히 멋이 있었다. 북쪽 연나라에 살고 있는 한 청년은 한단 사람의 걸음걸이를 배워오면 연나라에서 유명해질 수 있다고 생각했다.

그러던 어느 날, 청년은 조나라 수도 한단으로 향했다. 먼 길임에도 길을 나선 것은 그곳에서 걸음걸이를 배우기 위해서였다. 소문대로 한단 사람들의 걸음걸이는 매우 품격이 있었다. 그는 곧 한단 사람들의 걸음걸이를 배우기 시작했다. 하지만 걸음걸이는 쉽게 배워지지 않았다. 자신의 본래 걸음걸이 때문이었다.

청년은 원래 걸음걸이를 버리고 처음부터 다시 배웠다. 한단 사람들이 어떻게 발걸음을 떼는지 그 모양대로 똑같이 해 보았으나 소용이 없었다. 그러다 한단 사람의 걸음걸이도 배우지 못하고 자신의 본래의 걸음걸이도 잊어버리고 말았다. 결국에 그는 양쪽 팔다리로 기어서 연나라로 돌아왔다.

자기의 본분을 잊고 함부로 남을 흉내내다가 자신이 가졌던 것까지 합하여 두 가지를 다 잃는다는 고사에서 한단지보邯鄲之步라는 사자성어가 유래했다. 남의 것을 따라 하다 보니 자신이 가지고 있는 고유한 성질까지 잃어버린 것이다. 장자는 한단지보를 통해 자신의 것을 살피지 않고 남의 것만 따르려는 세태를 꼬집었다.

나답게 살아가려면 용기가 필요하다. 누군가 제시하고 권유한 것들을 거부하고 뿌리칠 수 있어야 하기 때문이다. 연나라 청년 처럼 남들이 좋다는 것을 좇아서는 나다움을 발견하기 힘들다. 유행에 뒤처져도 자신이 하기 싫으면 싫다고 단호하게 말해야 한다. 그리고 자신이 좋아하는 것들이 무엇인지 경험해보아야 한다. 유행에 상관없이 나다움을 발현해 낼 수 있는 것이 무엇인지 마음속의 미세한 움직임도 놓치지 말고 그 울림에 반응해야 한다. 나다움은 자신이 좋아하는 것들을 찾아 나서는 용기 있는 행동들이 쌓여서 '진짜 나다움'이 나타난다.

나다움은 축적된 데이터를 통해서 알 수 있다. 예를 들어 중국집 음식을 시킬 때 아무거나 주문해서 먹는 것보다는 자신이 먹고 싶은 음식을 찾아서 먹는 것이 중요하다. 때로는 입맛에 맞지 않는 음식을 골라 한 끼를 굶을 수도 있다. 하지만 자신이 싫어하는 것이 무엇인지 알았기에 괜찮다. 여행을 갔을 때도 먹고 싶은 음식이 있으면 과감하게 주문해서 먹어보아야 한다. 괜히 맛집만 수소문하지 말고 지금까지 축적된 데이터를 바탕으로 먹어보고 싶은 것을 선택하면 된다.

책 읽기도 다르지 않다. 마찬가지로 책을 읽을 때 베스트셀러만 읽는 것이 아니라 자신이 좋아하는 장르를 직접 찾아서 읽는 것이 중요하다. 때로는 실패할 수도 있지만 그런 과정에서 나다운 것이 무엇인지 알 수 있는 데이터가 쌓인다. 하나하나 데이터가 쌓이다 보면 새로운 장르로 연결되기도 한다. 또 다양한 장르로 분야를 확장하다 보면 숨겨진 자신을 발견하기도 한다. 직접 읽고, 경험하고, 생각하면서 지식과 지혜의 데이터를 축적하고 판단해야 한다.

16세기 후반의 프랑스 철학자 몽테뉴Michel de Montaigne도 자신의 판단으로 살아가라고 조언한다.

"아는 것은 그대뿐이다. 다른 사람들은 그대를 보지 못한다. 그들은 불확실한 추측으로 그대를 짐작한다. 그들은 그대의 기교를 보는 만큼 그대의 본성을 보지 못한다. 그들의 판결에 매이지 마라. 그대 자신의 판결에 매여라."

그런데도 많은 사람들이 이런 노력에 시간을 투자하지 않는다. 그 길이 멀고도 고달프기 때문이다. 모두가 "예"할 때 "아니오"라고 말할 수 있는 용기도 부족하다. 주위 사람들이 흰 것을 검다고 할 때, 희다고 반박할 수 있는 논리와 의지도 없는 편이다. 자신의 소신과 주관을 갖고 나아가는 것은 말처럼 쉽지 않다. 우리 안에는 그것을 이겨낼 만한 능력이 잠재되어 있는데도 자신을 믿지 못한다.

《중용中庸》은 그런 '내면의 가능성'을 이렇게 이야기한다.

"어떤 이는 편하게 행하고, 어떤 이는 이로움에 행하며, 어떤 이는 어쩔 수 없이 행하지만, 그들이 공을 이루는 것은 한 가지다. (중략) 남이 한 번 해서 그것에 능하다면 자신은 그것을 백 번 하고, 남이 열 번 해서 그것에 능하다면 자신은 그것을 천 번 한다. 과연 이 도에 능하다면 비록 어리석다 할지라도 반드시 밝아질 것이고 비록 유약하다 할지라도 반드시 강해질 것이다."

사람마다 다르겠지만, 포기하지 않고 노력하면 무엇이든 해낼 수 있다는 의미다. 나다움도 포기하지 않는 시도와 경험에서 발견된다는 것을 기억해야 한다.

그렇다면 자기 스스로 '나다움'을 발견하려면 어떻게 해야 할까? 가장 쉽게 접근해볼 수 있는 것은 '나만의 버킷리스트Bucket list'를 만드는 것이다. 무엇이든 좋다. 내가 해보고 싶고, 원하는 것들을 모두 작성해본다. 진짜 내가 경험해보고 싶은 것이 무엇인지 글로 적으며 찾아보는 것이다.

이미 경험한 것들도 적어보며 데이터를 분석해보자. 나답게 살아왔던 것이 무엇이었는지, 무엇을 할 때 나의 존재감이 느껴졌는지, 행복한 감정을 느낀 것들은 무엇이었는지, 인생의 의미와 보람은 어디서 얻었는지. 그렇게 지나온 삶과 앞으로 살아갈 날들에 대한 리스트를 정리하며 조금이라도 궁금하고, 해보고 싶은 것들을 찾아보는 것이다. 그런 일련의 과정에서 나다움을 발견할 수 있고, 나답게 살아가게 된다.

성공의 지향점을 설정해 두고 삶의 길을 걸어가야
후회 없는 삶, 만족스러운 삶을 살아갈 수 있다.

09

지향점

어디를 향해 가려고 하는가

인생의 길을 나서는 사람들에게는 모두 지향점指向點이 있다. 자신의 마음이나 뜻이 향하는 자연스러운 목표 말이다. 그중에는 인생의 의미를 부여하고 의미를 찾을만한 거창한 목표를 품고 있는 사람이 있을 것이고, 그저 흘러가는 대로 자신을 맡긴 채 유유자적悠悠自適하며 살겠다는 사람도 있을 것이다. 또 돈을 많이 벌어서 아무런 걱정 없이 살겠다고 마음먹은 사람도 있다. 물론 뚜렷한 삶의 목표를 품고 나아가는 사람이 더욱 의미 있는 삶을 사는 것은 분명하다. 그렇다고 목표가 없는 삶을 나무랄 수도 없다. 어찌 보면 목표 없이 사는 것도 하나의 목표이기 때문이다.

지향점이 없더라도 주어진 삶에 최선을 다하고 성실하게 산 사람들 중에도 얼마든지 만족할 만한 성과물을 얻고 행복하게 산다. 다만 한 가지 유념해야 할 것은 인생의 궁극적인 목적에 대해서는 생각해 보아야 한다. 흔히 말하는 성공적인 삶이 어떤 것이냐는 정의 말이다. 성공의 지향점만은 반드시 설정해 두고 삶의 길을 걸어가야 후회 없는 삶, 만족스러운 삶을 살아갈 수 있다.

우리는 자본주의 시대를 살고 있다. 자본주의 시대에서 돈의 힘은 막강하다. 그러다 보니 모두가 돈을 많이 버는 것을 최고의 성공으로 여긴다. 돈을 많이 벌거나 안정적으로 벌이를 유지하기 위해 대기업과 공무원, 전문직을 선호한다. 과정이 어찌 됐든 결과적으로 돈이 많으면 사람들은 부러운 눈으로 바라본다. 하고 싶은 일을 제약 없이 할 수도 있다.

수단과 방법을 가리지 않고 돈을 버는 것도 이런 이유 때문이다. 하지만 돈을 소유하기 위해 욕망을 불태우는 것이 과연 우리가 지향해야 하는 삶의 목표일지는 따져보아야 한다.

인간 심연深淵에 숨겨져 있는 본능과 존재의 의미에 대해 영국의 극작가 셰익스피어William Shakespeare만큼 적나라하게 파헤친 작가는 드물다. 그의 작품 속에는 '인간이란 무엇인가?'라는 화두가 숨겨져 있다. 특히 불후의 작품으로 불리는 4대 비극인《햄릿》,《오셀로》,《리어왕》,《맥베스》는 인생의 의미를 깨우치게 만든다. 비극에는 양심적인 삶보다는 권력과 돈, 지위를 얻기 위해 수단과 방법을 가리지 않는 모습이 담겨있다. 그렇게 산 인생의 최후는 비극이었다.

비극적인 결말 속에서 셰익스피어는 어떻게 사는 것이 성공적인 삶인지를 독자들에게 묻는다. 아니 '스스로 생각하라'고 단서를 제공한다.

그의 대표작인《햄릿》에 나오는 이야기만 보아도 인간이 자신의 욕망을 채우기 위해 얼마나 탐욕스럽고 파렴치한 행동을 일삼는지 알 수 있다. 왕의 자리를 빼앗기 위해 형을 죽인 숙부는 권력을 차지하기 위해서라면 형제애도 내팽개친다. 또, 남편의 죽음을 슬퍼할 겨를도 없이 새 권력자인 숙부와 결혼해버리는 엄마의 모습을 보며 도덕적 타락의 진수를 보게 한다. 궁정 대신들은 처세에만 관심을 가지며 새로운 권력자에게 아첨만 일삼는다.

햄릿은 일그러진 욕망에 사로잡힌 이들을 바로잡기 위한 싸움을 시작한다. 어쩌면 애초부터 승산이 없는 무모한 싸움이었는지도 모른다. 그런데도 햄릿은 자신이 선택한 길을 이렇게 외치며 나아간다.

"이 시대는 온통 어그러져 있어! 오 저주받은 운명이여! 내 그것을 바로 잡을 운명을 지고 태어났나니!"

거대한 권력 앞에서 죽음을 각오하며 그는 외로운 싸움을 이어간다. 그런 고뇌는 "사느냐 죽느냐 그것이 문제로다"라는 독백으로 이어진다. 삶의 갈등은 스스로 질문을 하게 만든다고 했던 것처럼 햄릿은 질문을 던진다.

"인간의 존재 의미는 무엇인가?"
"삶과 죽음과 사랑이란 무엇인가?"

그는 질문을 던지고 그 의문에 답을 찾기 위해 위험 속으로 들어간다. 그리고 장렬한 최후를 맞는다. 하지만 그 과정에서 햄릿은 우리에게 진정한 삶의 지향점이 무엇인지 말한다. '진실을 추구하며 사는 것'이 가치 있는 삶이라고 말이다. 셰익스피어뿐만 아니라 동양 철학의 시작이라 할 수 있는 공자孔子도 진실한 삶을 추구하며 살라고 가르친다.

공자는 진실함의 중요성에 대해《논어論語》〈자장편子張篇〉에서 이렇게 밝힌다.

자장이 물었다.

"선비가 어떠하여야 통달한 사람이라 이를 수 있습니까?"

공자께서 말씀하셨다.

"무엇인가? 네가 말하는 통달한 사람이란 것이."

자장이 대답하였다.

"나라에 있어도 반드시 소문이 나며, 집안에 있어도 반드시 소문이 나는 것입니다."

공자께서 말씀하셨다.

"그것은 소문난 사람이지 통달한 사람이 아니다. 통달한 사람이란 질박하며 정직하고 의를 좋아하며, 남의 말을 살피고 얼굴빛을 보아 생각해서 몸을 낮추는 것이니, 나라에 있어서도 반드시 통달하며, 집안에 있어서도 반드시 통달하게 되는 것이다. 소문난 사람이란 얼굴빛은 인을 취하나 행실은 위배되며 자처하여 의심하지 않으니, 나라에 있어서도 반드시 소문이 나며, 집에 있어서도 반드시 소문이 난다."

공자 이후의 사상가인 맹자孟子도 진실함의 중요성을 강조한다.

"진실함 자체는 하늘의 도이고, 진실함을 추구하는 것은 사람의 도이다. 지극히 진실한데도 남을 감동시키지 못하는 경우는 없고, 진실하지 않는데도 남을 감동시키는 경우는 없다."

왜곡된 삶의 욕망을 따르는 것이 아니라 진실한 마음을 바탕으로 사는 것을 우리는 지향해야 한다. 성공만을 향해 나아가는 것이 아니라 어떤 삶이 조금이라도 더 가치가 있는지 살펴야 한다. 가치 있는 것에 지향점을 두지 않고 많이 소유하기 위한 삶의 종착역에는 햄릿 이야기처럼 비극만 남는다.

당장에는 많이 소유해서 잠깐의 행복감은 누릴 수 있을지 모르지만 얼마 못 간다. 많이 소유하는 것을 지향하면 언제나 비교하게 되어 있다. 비교는 만족감을 주지 않는다. 소유를 목적으로 삼는 사람 중 '나는 이 정도면 돼'라고 이야기하는 사람은 별로 없다. 원하는 목표를 달성하면 더 많이 소유하고 있는 사람이 보인다. 그러면 더 많이 소유해야겠다는 지향점은 또 늘어난다. 그렇게 악순환이 지속된다. 조금이라도 성공적인 삶의 지향점을 설정하려면 소유의 삶에서 벗어날 필요가 있다. 소유보다 존재에 의미를 두는 것이다.

에리히 프롬Erich Fromm은 존재적 삶의 가치에 더 의미를 두고 살라고 조언한다. 소유에 지향점을 두면 탐욕에 휩싸일 수밖에 없다고 말한다.

"존재가 소유에 의해서 규정되는 삶에서 아무것도 소유하지 못한 사람은 아무것도 아닌 존재로 여겨지게 되는 것이다."

프롬의 이야기를 들으면 우리 사회에서 자살이 끝없이 이어지는 이유를 알 수 있을 것 같다. 소유할 수 없는 상황에 처하면 아무것도 아닌 존재가 될 것으로 생각하기 때문이다. 자기 존재가 부인당하는 것만큼 비관적인 것은 없다. 그래서 극단적인 선택을 한다.

프롬의 이야기를 더 들어보자.

"소유는 사용에 의해 감소될 수밖에 없는 것들을 바탕에 두고 있다. 하지만 지적 창조력이나 이성, 사랑 같은 존재적 가치는 실행하면 실행할수록 증대된다."

2차 세계대전 때 죽음의 수용소인 아우슈비츠에 갇혔다가 극적으로 살아남은 빅터 프랭클Viktor Frankl도 존재의 이유와 진실한 삶에 대해 언급한다. 그가 죽음 앞에서 얻은 깨달음이라 더 의미 있게 다가온다.

"개미나 벌이나 다른 동물은 그들의 존재가 의미 있는지 아닌지에 대해 질문을 하지 않는다. 존재 의미에 관심을 갖는 것은 사람의 특권이다. 사람은 그런 의미를 찾을 뿐 아니라 그럴 만한 자격이 있다. (중략) 무엇보다 그것은 진실함의 표시이다."

존재에 가치를 두면 시간이 흐를수록 더 큰 의미를 부여받게 되어 있다. 자기 존재가 확인되면 사람은 행복감을 느낀다. 상대의 존재도 인정하게 된다. 바람직한 관계의 시작이 되는 것이다. 그런 삶에서 '희망의 싹'이 돋고 만족감도 더해진다. 스스로 만족스러운 삶이 곧 성공적인 삶이라 할 수 있다. 아무리 많은 돈을 가지고 있어도 스스로 만족하지 못하면 무슨 소용이 있겠는가. 그러니 소유보다는 존재에 지향점을 두어야 한다. 그런 삶이 비극이 아닌 희극으로 삶을 마감할 수 있고 진짜 성공적인 인생이라 할 수 있다.

'지금 내가 지향하고 있는 삶은 무엇인가?'

어디로 가는지 방향을 모르면
어떠한 도로도 당신을 목적지까지 데려다줄 수 없다.

10

교차로

당신의 신호등 색깔은 무엇인가

● 　　　　　　　인생의 길에 만나게 되는 수많은 갈림
길에서 나아갈 방향을 모르면 어떻게 될 것 같은가. 두려움에 떨
게 된다. 속도제한이 없는 고속도로로 유명한 아우토반Autobahn에
있을지라도 나아갈 방향을 모르면 교차로가 다가올 때마다 헤매
게 된다.

"어디로 가는지 방향을 모르면 어떠한 도로도 당신을 목적지까지
데려다줄 수 없다."

세기의 외교관 헨리 키신저Henry Kissinger의 말처럼 인생은 얼마
나 빨리 달리느냐 하는 속도보다 얼마나 옳은 방향으로 달리느냐
가 중요하다. 그런데도 수많은 사람들이 '속도 전쟁'속에 살아가
고 있다.

속도 전쟁에서 살고 있는 우리의 삶을 잘 표현한 영화 한편이
있다. 바로 톰 행크스 주연의 영화 〈캐스트 어웨이Cast Away〉이다.

영화의 주인공 척 놀랜드(톰 행크스 분)는 세상에서 가장 바쁜
사람처럼 살아간다. 물류를 배송하는 페덱스의 직원답게 속도 전
쟁이 매일의 삶속에서 펼쳐진다. 사랑하는 연인 캘리와 크리스마
스조차 함께 할 시간도 갖지 못한다. 그러던 그는 캘리가 선물해
준 시계를 차고 출장길에 오르던 중 척은 사고로 무인도에 추락

한다.

무인도에서는 속도와 전쟁을 펼칠 일이 없었다. 그곳에서는 오직 바람의 방향을 읽어내 속히 무인도를 탈출하는 일뿐이었다. 사랑하는 연인의 사진을 놓고 그녀와의 조우를 기대하며 수도 없는 탈출을 감행한다. 하지만 번번이 실패하고 만다. 바람의 방향을 읽어내지 못해 무인도를 벗어나지 못했던 것이다.

우여곡절 끝에 무인도를 탈출해 옛 연인을 만나지만 가슴 아픈 소식에 눈물을 삼킨다. 캘리가 다른 남자와 결혼했기 때문이다. 척은 애지중지 여겼던 시계를 되돌려주고 행복을 빌어주며 그녀 곁을 떠난다. 무인도에서 주운 배송품도 전달하고 자신의 삶을 향해 나아가려 할 때 나타난 것이 교차로였다. 영화가 시작되면서 비춰진 교차로에 다시 서게 된 것이다. 시작과 마지막 장면이 바로 교차로였다. 감독은 인생이란 시간에 쫓기듯 살아가는 것이 아니라 삶의 방향을 올바로 설정하고 살아가야 함을 이야기하고 싶었던 것 같다. 나아갈 방향이 없는 속도는 의미가 없기 때문이다.

교차로에서 볼 수 있는 것은 표지판과 신호등이다. 표지판은 나아갈 방향을 제시한다. 낯선 길을 걸을 때 표지판은 방향을 설정하는데 결정적인 역할을 한다. 표지판을 잘 따라가면 원하는 목적지에 어렵지 않게 도착할 수 있다.

하지만 제아무리 정확하게 명시되어 있는 표지판도 가야 할 방향이 설정되지 않는 사람에게는 무용지물이다. 어디로 갈지 모르는데 표지판이 있는 들 무슨 소용이 있겠는가. 잘못된 인생의 길에 들어서면 우리에게는 '돌아가시오'라는 표지판이 보일 뿐이다. 노란색 경고 표지판도 자주 나타난다. 경고 표지판을 무시하거나 주의하지 않으면 대형사고로 이어진다. 인생의 막다른 길에 다다를 수 있다.

교차로에서 신호등은 생명을 지킬 수 있도록 돕는다. 신호등을 지키지 않으면 대형 참사가 일어난다. 주황색 불이 켜지면 정지해야 한다는 경고이다. 속도를 멈추지 않고 달리면 빨간색 불이 켜질 때 멈출 수 없다. 그대가 가는 길이 기쁘고 즐겁고 행복하다면 파란불이다. 지금 내 삶이 어디로 가는지 모르고 달리고 있다면 주황색 불이 켜진 상태이다. 이때는 잠시 멈추어서 나아갈 방향을 점검하라는 의미이다. 그럼 속도에 휘둘리지 않고 살아가려면 어떻게 해야 할까.

《대학大學》에서 전하는 메시지에 귀를 기울이는 것도 좋을 것 같다.

고요한 뒤에야 능히 안정이 되며 (靜而後能安)
안정이 된 뒤에야 능히 생각할 수 있고 (安而後能慮)

깊이 사색한 뒤에야 능히 얻을 수 있다 (慮而後能得)

어떤 상황에 있던지 마음의 고요함을 유지하는 것이 나아갈 방향을 찾을 수 있다는 의미이리라. 척 놀랜드처럼 속도에 쫓겨 살면 고요함을 유지할 수 없다. 오히려 불안에 떨게 된다. 시간에 맞춰 자신의 삶을 제어해야 하기 때문이다. 그러다 보면 어느 순간 무인도에 추락하는 것과 같은 빨간색 불이 켜진 상태가 돼 아무 곳도 갈 수 없게 된다. 성장하지 못하고 꼼짝없이 정지된 삶을 살 수밖에 없다. 때로는 운 좋게 인생의 좌회전 신호가 들어와도 출발하기 힘들다. 어디로 가야 할지 명확하게 정해진 것이 없기 때문이다.

《대학》에서 이야기하는 것처럼 잠시 쉬며 고요한 상태를 가져 보는 것이 좋을 것 같다. 고요한 상태에 있어야 안정이 되고, 안정이 되어야 나아갈 길을 깊이 따져볼 수 있기 때문이다.

우리 인생은 빨리 달리는 경주가 아니다. 더디 가더라도 자신이 가고 있는 길이 올바른 방향이라면 괜찮다. 이미 많은 사람들이 나이가 들어서 자신이 나아갈 방향에서 괄목할 만한 성과를 올리기도 한다. 세상 사람들을 깜짝 놀라게 할 만한 업적도 쌓았다. 그러니 방향만 올바르다면 속도는 문제가 안 되니 근심걱정은 하지 않아도 된다.

나도 인생의 길을 발견한 것은 삼십 대 후반이었다. 그때부터 책을 읽고 글을 쓰며 배움에 정진했다. 그리고 첫 책은 사십 대 중반에 나왔다. 아직 괄목할 만한 성과를 올렸다고 말할 수는 없다. 여전히 현재 진행형이지만, 괜찮다. 인생의 길에서 만난 수많은 교차로에서 방황하지 않고 목적지를 향해 막힘없이 전진할 수 있으니 말이다. 속도가 나지 않아도 좋다. 정해놓은 방향으로 뚜벅뚜벅 걷다 보면 원하는 목적지에 분명히 도달할 수 있다는 것을 알기 때문이다.

당신의 인생 교차로 신호등은 무슨 색인가. 각자 신호등 색깔을 발견하여 현명하게 원하는 인생을 살아가도록 하자.

시인 헬렌 슈타이너 라이스Helen Steiner Rice의 〈인생의 코너 길The Bend in Road〉을 읽으며 인생 교차로를 슬기롭게 통과하는 지혜를 배웠으면 한다.

우리는 지금 삶의 교차로에 서 있네
이제 우리 삶은 종착역에 다다랐다고 생각하네
그러나 아직 삶은 끝나지 않았다네
신은 우리를 위해 더 큰 그림을 준비해 놓으셨네
지금 우리는 잠시 삶의 코너를 돌고 있을 뿐

신이 우리를 위해 마련한 길은 끝없이 이어지는 부드러운 길

그 길 위에서는 노래 부르는 것을 잠시 쉬어도 좋으리

노래하지 않고 가는 그 길

어쩌면 인생의 가장 달콤하고 풍요로운 부분일지도

그러니 느긋하게 휴식을 취하세

그럼으로써 더 강해지네

길을 떠나세, 당신의 무거운 짐을 신과 함께 지세

당신의 일과 삶은 아직 끝나지 않았네

이제 겨우 코너를 돌고 있을 뿐

제2장

어떻게 해야 후회 없이
살아갈 수 있을까

원하는 삶의 목표를 이루고 어제와 다른
오늘을 꿈꾼다면 신들메를 바싹 조여 매야 한다.

01

신들메

질끈 동여매고 나아가라

●　　　　　　　　　신들메는 신이 벗어지지 않도록 발에 다 동여매는 끈을 말한다. 들메끈의 잘못된 표현이지만《성경》과 이문열 작가의《신들메를 고쳐매며》에 신들메로 나와 있어 좀 더 익숙할 것 같아 사용한다.

새로운 직장을 구할 때 준비해야 할 중요한 서류 중 하나가 이력서다. 대학생들이 시간을 쪼개서 스펙을 쌓으려고 하는 것도 이력서에 자신의 차별화된 경력을 써넣고 싶어서다. 명문대를 입학하고, 어학연수를 가고, 인턴직에 목숨을 거는 것도 바로 이력서와 관련이 있다. 배움의 과정과 자격증, 각종 경험을 망라해 자신의 특별함을 돋보이게 하는 것도 이력서 때문이리라.

그렇게 공들인 이력서(履歷書)는 '신발(履)'을 신고 달려온 자기 '역사(歷)'의 '기록(書)'이다. 신발을 신고 피땀 흘린 삶이 결과물을 녹여낸 것이 이력서이니 신발은 삶을 바꾸는데 매우 중요한 요소임이 틀림없다.

신발은 신화와 동화에서도 신분을 바꾸어주는 데 자주 등장한다. 먼저 신화를 한 번 살펴보자.

미궁에서 미노타우로스를 죽이고 아테네 시민을 구한 영웅 테세우스가 그 주인공이다. 테세우스는 아테네의 왕 아이게우스의 아들로 아이게우스가 트로이젠의 공주 아이트라와 하룻밤을 지내고 가진 아이였다.

아이게우스는 아이트라 공주를 떠나며 아이가 성장하면 돌 밑에 숨겨둔 표징을 찾아 자신에게 보내라고 말한다. 하지만 그 돌은 너무 무거워 아무나 들 수 없었다.

테세우스는 열여섯 살이 되기 전까지는 아버지가 누구인지도 모른 채 트로이젠에서 살았다. 열여섯이 돼서야 자신의 내력을 알고 싶어 어머니 아이트라를 찾아가 아버지에 대해서 묻는다. 어머니는 아이게우스 왕이 떠나며 돌 밑에 감추어둔 표징을 찾아보라고 일러준다. 어린 나이였지만 테세우스는 아버지를 닮아 힘이 장사였다. 무거운 돌을 쉽게 들어 올리고 그 밑에 숨겨 있던 칼과 가죽신을 찾는다. 그것을 들고 아버지를 찾아 아테네로 향한다. 테세우스가 아버지를 찾아 아테네에 당도할 즈음 그의 소식을 반기지 않는 인물이 한 명 있었다. 바로 아이게우스 왕의 아내 메데이아였다. 테세우스의 등장으로 메데이아가 낳은 자식은 찬밥신세가 될 것이 분명했기 때문이다.

이 신화는 고구려를 세운 주몽의 아들들 이야기와 유사하다. 주몽은 소서노와 결혼하기 전 예소야에게서 유리를 낳았지만 잃어버린 상태였다. 그런데 유리가 우여곡절 끝에 아버지를 찾아온다. 그 소식을 들은 소서노는 자신의 두 아들 온조와 비류가 피해를 당할까 봐 남쪽으로 보낸다. 그렇게 온조와 비류는 유리를 피해 남쪽으로 내려와 백제를 세운다.

유리가 나타났을 때 소서노의 심정을 메데이아도 느꼈던 것 같다. 하지만 그것에 반응하는 태도는 전혀 달랐다. 소서노는 유리를 받아들이지만, 메데이아는 테세우스를 죽이려는 계획을 세웠다.

아이게우스 왕은 테세우스가 트로이젠에서 왔다는 이야기를 듣고 술대접을 했다. 자신이 일찍이 트로이젠에서 신세를 진 것을 갚겠다는 의도였다. 그러나 테세우스가 힘이 장사라는 소문을 듣고 경계도 늦추지 않았다. 여차하면 메데이아가 준 독이 든 술잔으로 목숨을 빼앗으려는 계획도 품고 있었다.

드디어 아이게우스와 테세우스가 만났다. 테세우스는 아이게우스가 따라 준 술잔을 들고 고기를 먹기 위해 칼을 뽑아 들었다. 그때 아이게우스는 그 칼이 자신의 칼이었음을 한눈에 알아본다. 시선은 자연스레 신발로 향했는데 역시나 자신이 감춰두었던 가죽신을 신고 있었다. 아이게우스는 테세우스가 먹으려던 술잔을 빼앗고 감격스러운 부자 상봉을 하게 된다. 가죽신이 신분을 증명하게 해 준 덕분에 아버지를 만나게 된 것이다.

우리나라에도 신발이 신분을 바꾸어주는 동화가 있다. 바로 《콩쥐 팥쥐》다. 콩쥐는 새어머니 구박으로 사또 아들이 신붓감을 찾는 잔치에 가지 못한다. 대신 새어머니가 시킨 일을 해야 했다.

황소와 두꺼비의 도움으로 어려운 일을 마칠 때 선녀가 나타나 콩쥐에게 아름다운 옷과 꽃신을 준다. 새 옷과 꽃신을 신고 잔치에 참여하지만, 새엄마와 팥쥐를 보고 급히 도망을 친다. 그러다 꽃신이 벗겨지는 일이 벌어지고 만다.

콩쥐의 아름다움에 반한 사또의 아들은 꽃신 주인을 찾는다. 마을 아가씨들 모두에게 꽃신을 신겨보았지만 헛수고였다. 마지막이 돼서야 콩쥐가 꽃신의 주인인 것을 알게 되고 둘은 결혼식을 올리고 행복한 삶을 산다.

사실 발의 차이는 사람마다 크게 다르지 않다. 그런데도 꽃신은 왜 콩쥐에게만 꼭 맞았을까? 그 의문은 신데렐라 동화를 보면 풀린다. 신데렐라 이름의 뜻은 '얼굴에 재가 묻은 부엌데기'라는 뜻으로, 새엄마의 구박을 받으며 일만 했다는 의미다. 신데렐라 이야기도 콩쥐와 다르지 않다. 다만 꽃신 대신 유리구두가 등장한다. 사또의 아들이 아닌 한 나라의 왕자라는 것이 다르다. 유리구두의 주인을 찾기 위해 왕자는 온 나라를 헤매다 마침내 신데렐라를 만나게 되고 결혼에 이른다는 이야기다. 온 나라를 뒤졌지만, 신기하게도 유리구두는 신데렐라 발에만 꼭 맞았다.

콩쥐와 신데렐라가 신었던 신발이 그 누구에게도 맞지 않은 이유는 요정과 선녀에게서 받은 '맞춤 신발'이었기 때문이다. 세상에 하나밖에 없는 신발이었던 것이다. 다른 관점에서 보면 둘의 발이 여느 아가씨들 발과 매우 달랐다는 이유도 있다. 하필이면 콩쥐와 신데렐라 발만 다른 아가씨들의 발과 달랐을까?

　축구선수 박지성과 발레리나 강수진의 발을 보면 이해가 간다. 박지성은 평발이었음에도 부단한 연습 때문에 발이 기형적으로 변했다. 강수진의 발도 발레리나의 발이라 생각할 수 없을 정도로 기형적으로 생겼다. 강수진은 동양인의 콤플렉스를 극복하기 위해 하루에도 수 켤레의 토슈즈가 닳도록 연습을 했다. 그런 피나는 노력이 기형적인 발을 만들었다. 다른 사람들과 너무 다른 발은 그녀만의 '맞춤 신발'이 필요하게 되었다. 자신에게 주어진 삶에 최선을 다한 결과가 발의 모양까지 다르게 만든 것이다. 콩쥐와 신데렐라도 자신들에게 주어진 일을 요령 부리지 않고 최선을 다하다 보니 발이 달라졌을 것이라 추측된다.

　원하는 삶의 목표를 이루고 어제와 다른 오늘을 꿈꾼다면 신들메를 바싹 조여 매야 한다. 신발 끈을 질끈 동여매고 자신이 이루어낼 계획과 목표를 위해 피와 땀을 흘려야 한다. 그러다 보면 나만의 신발이 만들어진다. 세상 어디에도 없는 하나밖에 없는 나만의 신발 말이다. 그 신발을 신고 달려간 삶의 흔적들이 이력서에 고스란히 실리게 된다. 나만의 특화된 삶의 결과물을 가진 사람이 어제와 다른 오늘을 기대할 수 있다.

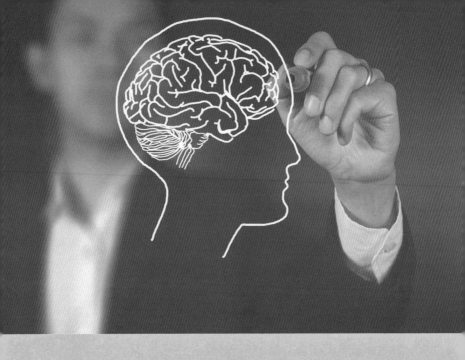

신념이 있어야 주관을 논리정연하게 펼칠 수 있다.
불의에 굴복하지 않고 할말은 할 수 있다.

02

뇌섹남

검색이 아니라 사색이다

●　　　　　　　　'뇌섹남', '뇌섹녀'라는 단어가 유행처럼 퍼지고 있다. 뇌가 섹시한 남자와 여자를 일컬어 부르는 말이다. 몸매가 섹시하다는 말은 많이 하지만 뇌가 섹시하다고 하니 어리둥절하다. 그렇지만 그 의미를 조금 깊이 더듬어보면 한편 이해가 간다. 뇌가 섹시한 사람은 자기 주관이 뚜렷하고 그 생각을 논리적인 말로 표현할 줄 아는 지적인 사람을 의미한다.

조금 더 자세히 알아보려면 2014년 통계청 발표를 참고하면 좋을 것 같다. 뇌섹남의 조건에 대해 설문조사 한 내용은 이렇다.

> · 주관이 뚜렷해서 할 말은 하는 남자 : 40%
>
> · 책을 많이 읽은 언변의 마술사인 남자 : 29.4%
>
> · 유머 감각을 지닌 유쾌한 남자 : 16.6%
>
> · 의견 대립 시 논리적으로 설득하는 남자 : 10%
>
> · 기타 : 4%

확고하게 자신의 색깔이 있는 사람으로, 잘못된 문제에 굴하지 않고 지적인 능력을 바탕으로 문제를 제기하는 사람을 지칭하는 말이라 할 수 있다. 자기 주관대로 말하고 행동하는 사람이 사라지고 있는 시대라 뇌가 섹시한 사람이 주목을 받고 있는 것 같다.

'뇌를 섹시하게 만들어 준다'는 책도 출간되었다. 바로 세계 최고의 기억력 천재 도미니크 오브라이언Dominic O'Brien의《뇌가 섹시해 지는 책》이다. 기억력 향상에 바탕을 둔 책이지만 '뇌섹시대'를 대변하는 제목으로 독자를 유혹한다. 책에서는, 이제 전 세계는 '뇌가 섹시한 사람'에게 주목한다고 말한다. 그 이유를 2010년 영국 BBC One에서 방영된 드라마 〈셜록Sherlock〉에서 찾았다.

여주인공은 셜록 홈스에게 "지성은 새로운 섹시함(Brainy is the new sexy)"이라고 말했다. 이 말이 유럽과 미국을 휩쓸었고 많은 스타들이 그 글귀가 써진 티셔츠를 입고 다녔다는 것이다. 지적 능력과 기억력, 관찰력으로 사건을 명쾌하게 해결하는 셜록의 모습에서 매력을 느껴 나온 말이다. 통계청에서 뇌섹남의 조건을 정리한 것과 유사하다.

뇌가 섹시한 사람 하니 공자가 《논어》의 〈옹아편雍也篇〉에서 말한 인물됨이 떠오른다.

"사람의 삶은 곧아야 한다. 곧지 않으면서 살아 있는 것은 요행히 죽음을 면했을 뿐이다."

곧은 사람의 삶이란 모름지기 잘못된 문제를 지나치지 않아야 한다. 자신의 삶도 바람직해야 한다. 그런 삶의 태도를 품고 있어야 자기 주관을 내세울 수 있다.

근래 우리 사회는 불의한 일이 여기저기서 일어나고 있다. 그런데도 잘못된 일을 지적하고 올바른 방향으로 이끌어가겠다고 나서는 사람이 별로 없다. 삶이 올곧지 않아서 그런 것 같다. 누군가에게 약점이 잡힐 만한 삶을 살았기에 바른말을 하지 못한다. 돈과 명예와 자리에 연연해도 자기 주관을 내세울 수 없다.

공자는 《논어》의 〈안연편顔淵篇〉에서 올곧은 삶에 대해 좀 더 깊이 말하고 있다.

번지가 인(仁)에 대하여 여쭙자 공자께서 말씀하셨다.

"사람을 사랑하는 것이다."

앎(知)에 대하여 여쭙자 공자께서 말씀하셨다.

"사람을 아는 것이다."

번지가 잘 알아듣지 못하자 공자께서 말씀하셨다.

"올곧은 사람을 등용하여 굽은 사람 위에 두면, 굽은 사람을 올곧게 만들 수 있다."

올곧은 삶은 사람을 사랑하는 데서 비롯된다. 그러려면 사람에 대해 알아야 한다. 사람의 근원과 본성, 존재의 의미까지 알아야 한다. 그런 마음으로 배워야 한다.

《논어》의 〈위정편爲政篇〉에 나오는 말이다.

"배우기만 하고 생각하지 않으면 갈피를 잡을 수 없고, 생각하고 배우지 않으면 위태롭다."

배움에 임하는 의도가 분명해야 함을 의미한다. '무작정 배우지 말라'는 것이다. 즉 주관적 태도를 바로 세울 수 있는 배움의 자세를 갖추어야 한단다. 요즘 말로 하면 '뇌를 섹시하게 만들라'는 의미로 받아들일 수 있겠다. 삶이 올곧아야 할 말을 할 수 있다. 생각하고 배워야 자신만의 신념체계를 완성할 수 있다. 배움으로 지적인 능력을 쌓아야 논리적인 설득도 가능하다. 말만 많이 한다고 해서 누군가를 설득할 수는 없다. 그에 합당한 근거와 논리가 있어야 상대를 이해시키고 설득하고 압도할 수 있다.

그럼 뇌가 섹시해지려면 어떻게 해야 할까? 먼저 자기 신념이 뚜렷해야 하겠다. 어떤 사상이나 생각을 굳게 믿으며 그것을 실현하려는 의지 말이다. 신념이 있어야 주관을 논리정연하게 펼칠 수 있다. 불의에 굴복하지 않고 할 말은 할 수 있다.

뭐니 뭐니 해도 뇌가 섹시해지려면 독서가 제일이다. 지적인 능력은 배움에서 나온다. 그 배움은 독서가 근간이 된다. 책을 읽지 않고는 뇌가 섹시해 질 수 없다.

그런데 독서에 대한 우리의 현실은 암울하다. 2016년 발표된 '2015 국민 독서실태 조사' 결과에 따르면, 우리나라 인구의 65.3퍼센트가 1년에 1권 이상의 책을 읽었으며 연평균 독서량은 9.1권으로 나타났다. 또 국제도서관연합회(IFLA)의 자료에 따르면 한국인의 한 달 평균 독서량은 0.8권으로 미국 6.6권, 일본 6.1권, 프랑스 5.9권, 중국 2.6권 등에 비해 크게 낮다. 독서량 순위에서도 세계 166위로 하위권이다.

또한 하루에 10분 이상 책을 읽은 사람은 평균 10퍼센트 정도에 머물며, 한국인의 독서 시간은 하루 평균 6분이란다. 6분이면 책 들춰보고 요리조리 몇 장 넘길 수 있는 시간이다. 책 내용을 깊이 탐독하고 생각하며 자신의 것으로 만드는 시간과는 거리가 멀다.

반면에 2014년 우리나라 국민의 하루 평균 미디어 이용시간은 6시간 43분이라고 한다. TV 보고, 컴퓨터 사용하고 스마트 폰 만지는 시간이 하루의 3분의 1 정도이다. 받아들이는 정보는 많지만, 뇌를 섹시하게 만들기에는 효과적이지 않다. 과잉되는 정보를 정제시키고 내면화시킬 수 있는 시간이 부족하기에 그렇다. 그러다 보니 '디지털 치매'라는 신조어까지 생겨났다. 스마트폰만 있으면 못하는 게 없는 시대에 뇌 대신 스마트폰에 정보를 저장하면서 단기 기억을 반복 학습하는 과정이 없어져 뇌 기능이 떨어진 것이다.

다시 말하여 과도한 디지털 기기 사용으로 뇌 기능이 손상되어 어느 순간부터 인지 기능을 상실하게 된 것이다. 도저히 섹시한 뇌로 살아갈 수 없는 지경이 된 것이다. 공자의 말을 패러디하자면 '검색하기만 하고 생각하지 않으면 갈피를 잡을 수 없다'라고 할 수 있겠다. 자신의 것으로 만들어내는 생각의 과정이 없으니 위태로운 지경에 이른 것이다.

미국의 사상가 겸 문학가인 헨리 데이비드 소로Henry David Thoreau 는 사색하며 살기 위해 도시를 떠나 숲으로 들어갔다. 그의 저서 《월든》에서 그는 자신이 숲으로 들어간 이유를 이렇게 밝힌다.

"내가 숲으로 들어간 것은 인생을 의도적으로 살아보기 위해서였 다. 다시 말해서 인생의 본질적인 사실들만 직면해보려는 것이었 으며, 인생이 가르치는 바를 내가 배울 수 있는지 알아보고자 했던 것이며, 그리하여 마침내 죽음을 맞이했을 때 내가 헛된 삶을 살았 구나 하고 깨닫는 일이 없도록 하기 위해서였다."

소로의 첫 저서로 깊은 철학적 사색을 담고 있는 《소로우의 강》에서는 하루를 어떻게 보내야 하는지 말해준다.

"적어도 하루에 한 번은 삶의 길을 스스로 헤쳐 나갈 수 있어야 한 다. 하루가 온종일 대낮일 필요는 없으나, 하루가 저절로 싹틔울 수 없는 시간이 적어도 하루에 한 시간씩은 있어야 한다."

자기 삶의 길을 바라보며 깊이 생각해보는 시간이 필요하다는 사실을 이야기한다. 정보의 과잉 시대에 뇌가 섹시해지려면 판단 력이 중요하다. 판단력은 지식을 받아들이고 축적하는 데서 얻어 지지 않는다. 받아들이는 정보에 대해 깊이 헤아려 생각하는 사색의 과정에서 생겨난다. 자신에게 꼭 필요한 정보를 벼려내고 마음속에 오랫동안 담아 놓을 만한 정보를 저장해두고 그것을 활용해 삶에 적용시키는 과정이 필요하다. 이러한 과정은 검색이 아니라 사색에서 비롯된다.

그러므로 다양한 독서를 통해 지평을 넓히고, 그것을 바탕으로 생각하고, 또 생각하며 주관적인 가치를 세워야 한다. 그리고 그 가치를 뒷받침해줄 수 있는 근거를 세워 삶의 근간으로 삼아야 한다. 그런 삶의 태도로 무장할 때 더 이상 세상의 노예가 아니라 자기 삶의 주인으로 살아갈 수 있다.

마음에서 지면 모든 것에서 지게 된다.
마음은 가만히 두면 게으름의 소굴로 들어간다.

03

돌쩌귀

매일 반복하고 있는 것을 점검하라

돌쩌귀는 요즘의 경첩과 같다. 옛날에는 경첩 대신에 돌쩌귀를 사용했다. 암짝은 문설주에 달고, 수짝은 문짝에 달아 서로 맞추어 꽂았다. 그러면 암수가 맞물려 문을 여닫을 수 있었다. 영어로는 '힌지Hinge'라고 한다. 돌쩌귀는 어떤 곳을 여닫을 때 유용하게 사용되지만, 게으름의 대명사로도 사용된다.

《성경》의 지혜서로 불리는 〈잠언〉에 나오는 말이다.

"문짝이 돌쩌귀를 따라서 도는 것같이 게으른 자는 침상에서 도느니라."
─〈잠언〉26장 14절

게으른 사람은 문이 돌쩌귀를 중심으로 움직이듯이 침대를 중심으로 움직인다는 말이다. 의미를 추구하거나 생산적인 것에 집중하지 않고 그저 침대 주변만 맴돈다.

게으른 사람의 특징은 삶에 열정을 쏟아붓거나 시간을 투자해 뭔가를 이루어 내려는 목표가 없다. 그들과 대화를 해보면 나름대로 꿈을 가지고 있다고 항변한다. 하고 싶고, 이루고 싶은 소망을 품고 있다. 하지만 좀 더 대화를 이어가다 보면 그들의 소망은 그저 희망 사항에 불과하다는 것을 알 수 있다. 원하는 것은 있지만, 그것을 이루어내기 위한 노력과 의지가 전혀 없기 때문이다. 이루고 싶은 소망은 있지만, 자신을 불태울 생각은 없다.

자신의 모습을 조금 더 나은 모습으로 바꾸려면 희생이 필요하다. 뭔가 이루어질 때까지 절제하고 인내하는 모습도 요구된다. 하지만 게으른 사람은 그런 절제와 인내, 희생을 싫어한다. 그러다 보니 삶의 변화가 일어나지 않고 돌쩌귀처럼 게으른 삶으로 회귀하고 만다.

게으른 사람은 자기 합리화의 대가이다. 그들이 포기하는 일에는 언제나 그에 합당한 이유가 있다. 《이솝우화》에 나오는 '여우와 신포도'의 이야기처럼 말이다. 여우는 맛있는 포도를 따 먹으려다 높이 때문에 포기하고 만다. 그러면서 "저 포도는 신포도야"라고 말한다. 포기할 만한 핑곗거리를 찾아 합리화시키는 것이다. 원하는 목표를 이룰만한 열정과 간절함이 없기에 쉽게 포기하며 자신을 합리화한다.

침대 주변을 맴돌지 않고 분주하게 움직이는 사람들 중에도 게으른 사람이 있다. 그들은 뭔가 바쁘게 움직인 것 같지만 정해진 일과 속에서 습관적으로 움직일 뿐이다. 돌쩌귀가 바쁘게 열리고 닫히는 것을 쉴 새 없이 반복한 것처럼 말이다. 생각 없이 반복적으로 움직이는 삶도 어쩌면 게으른 삶과 다를 바 없다. 어제와 같은 오늘을 반복적으로 살아가고 있기 때문이다.

돌쩌귀 인생에서 벗어나려면 현실을 직시할 필요가 있다. 현재대로 살아가면 훗날 어떤 결과를 낳게 될 것인지 꼼꼼히 따져봐야 한다. 이때 명심해야 할 것이 있다. 삶이 좋은 쪽으로 변화될 것이라는 막연한 기대는 버려야 한다는 것이다. 막연한 희망사항은 아무런 결과도 가져다주지 않는다. 반드시 구체적인 목표와 계획이 있어야 희망찬 미래를 기약할 수 있다. 현실을 똑바로 바라보고 변화의 필요성을 스스로가 느껴야 한다. 사람은 스스로 동기부여가 되어야 비로소 움직이게 된다.

주저앉으려는 마음을 이기는 것도 필요하다. 마음에서 지면 모든 것에서 지게 된다. 마음은 가만히 두면 게으름의 소굴로 들어간다. 자기 합리화와 불평, 포기와 좌절을 일삼는다. 아무런 노력을 기울이지 않았는데도 저절로 나쁜 마음이 생긴다. 그러므로 끊임없이 '삶을 바꿔야 한다'는 생각을 마음에 주입시켜야 한다. 도전적이고 긍정적인 마음도 품어야 한다. 늘 거름을 주고, 아름답게 가꾸고, 끊임없이 관심을 가져 주어야 삶을 변화시키려는 마음이 자란다.

뭔가를 이루려면 마감 시한을 정하는 것이 도움이 된다. 마감 시한을 정해놓고 그때까지 이룰 수 있도록 세부적인 계획을 세우는 것이다. 작은 계획을 하나하나 완성해가다 보면 어느새 원하는 큰 그림도 완성할 수 있다. 가장 중요한 것은 원하는 목표를 달성할 때까지 포기하지 않고 끝까지 해보는 것이다. 끝까지 하는 사람은 뭐든지 해 낼 수 있다. 게으름을 만만하게 봐서는 안 된다. 굳은 의지로 다짐하고 시도하고 포기하지 않아야 비로소 벗어날 수 있다.

돌쩌귀는 게으름의 비유를 넘어 철학적 사유의 도구로 활용되기도 한다. 전국시대의 장자가 그렇다. 장자는 시비에서 벗어나기 위한 자신의 관점을 도추道樞로 이야기한다. 도道를 지도리樞, 즉 돌쩌귀를 비유해 〈제물론齊物論〉에서 자신의 관점을 이야기한다.

"'저것'(彼)과 '이것'(是)이 자신의 짝을 잃은 상태를 '도의 지도리'(道樞)라고 부른다. 도의 지도리는 '원의 중심'(環中)을 얻어서 무한하게 타자와 감응할 수 있다. 그렇게 되면 '옳음'(是)도 하나의 무한한 소통으로 정립되고, '그름'(非)도 하나의 무한한 소통으로 정립된다."

문을 여닫으려면 돌쩌귀를 중심으로 돈다. 돌쩌귀가 문의 중심이다. 돌쩌귀는 외부와 내부의 중간지점이다. 내부도 아니고 동시에 외부도 아닌 묘한 상태이다. 장자는 지도리, 즉 돌쩌귀를 저것과 이것이 자신의 짝을 잃은 상태로 보았다. 저것이 타자를, 이것은 주체를 상징한다고 이해하면 돌쩌귀는 그 어떤 곳에도 속하지 않는 상태에 있다. 장자는 이런 상태를 도추라고 했다. 나와 타자 사이를 열어 주는 길이 지도리에 서 있다면 무한하게 어떤 타자와도 감응할 수 있다고 보았던 것이다.

하찮게 여겼던 돌쩌귀는 게으름을 상징하기도 하고, 타자와 자신과의 관계에서 현명한 선택을 할 수 있는 지혜를 선물하기도 한다. 돌쩌귀를 볼 때마다 현명한 선택으로 자신이 원하는 삶의 문을 열고 나가고 있는지, 여전히 침대를 중심으로 게으름 피우며 허송세월하는 곳으로 들어가고 있는지 살펴보면 좋을 듯하다.

사람은 서 있으면 앉고 싶고, 앉아 있으면 눕고 싶고, 누워 있으면 자고 싶다. 게으름을 벗어나는 길의 시작은 사람의 생리를 거스르는 행동에서 비롯된다. 자고 싶을 때 깨어 생각하고, 눕고 싶을 때 앉아 배우고, 앉고 싶을 때 일어서서 움직일 때 어제보다 한 걸음 더 전진할 수 있다. 돌쩌귀를 도는 삶에서 해방될 수도 있다.

'하지 않은 행동'에 대한 후회가 더 오래가고
'행동에 대한 후회'는 바로 끝난다.

04

새가슴

까짓것 한 번 해 보는 거야

흔히 용기없이 머뭇거리는 사람을 '새가슴'이라고 놀린다. 사전적 의미로는 '겁이 많거나 대담하지 못하여 소심한 사람을 흔하게 이르는 말'이라고 되어 있다. 뭔가에 도전하지 못하고 주저하는 소심한 사람을 일컫는 의미로 쓰인다.

야구 중계를 보면 정면 승부를 겨루지 못하고 슬슬 피하는 투수를 가리켜 새가슴이라고 한다. 특히 공도 빠르고 구위球威가 좋은데도 홈런과 안타를 맞을까 봐 무서워 연거푸 볼을 던지는 투수가 있다. 그런 투수를 보고 있노라면 답답하다. 어차피 볼넷을 줘도 1루로 걸어가는데 왜 정면 승부를 벌이지 않는지 안타깝다. 아무리 잘 치는 타자라도 타율은 불과 3할이다. 방망이를 휘둘러 10번을 쳐도 7번은 아웃을 당한다는 것이다. 투수가 정면으로 승부를 해도 안타를 맞을 확률은 3할 정도이다. 그런데도 승부를 벌이지 않으면 좋은 투수로 성장할 수 없다.

우리네 삶도 별반 야구와 다르지 않다. 실패할 것이 무서워 도전조차 않는다면 얻을 수 있는 것은 없다. 새가슴이 되어 시도조차 않고 벌벌 떨고 있는 것은 안타 맞을 것이 두려워 자꾸만 승부를 피하는 투수와 다를 바 없다. 새가슴이 되어서는 인생 앞에 다가오는 수많은 기회를 자신의 것으로 만들기 어렵다. 그리스 신화에 나오는 기회의 신의 모습만 봐도 알 수 있다.

'기회의 신'이라 불리는 카이로스Kairos의 모습은 괴이하다. 이마 위로는 무성한 곱슬머리가 자랐지만, 뒤통수는 대머리다. 양다리에는 날개가 달려있고, 한 손에는 저울을 다른 손에는 칼을 들고 있는 모습이다.

기회의 신 앞머리가 이렇게 무성한 이유는 사람들이 자신을 쉽게 붙잡을 수 있도록 하기 위함이란다. 뒷머리가 대머리인 이유는 한번 지나가면 다시 붙잡지 못하기 위해서란다. 어깨와 양발에 날개가 달린 이유는 최대한 빨리 날아가기 위함이고, 손에 칼과 저울을 들고 있는 것은 자신을 만났을 때 신중한 판단과 신속한 의사결정을 하라는 의도란다. 한마디로 기회를 잡으려면 뒷북치지 않게 신속하게 움직여야 한다는 의미이다. 새가슴처럼 주저하다가는 대머리만을 만지작거리게 된다는 것이다.

새가슴처럼 행동하면 항상 뒤따르는 게 있다. 바로 후회이다. '그때 ~을 했더라면'이라고 후회하는 것이다.

'후회 예찬론'으로 유명한 미국의 사회심리학자 닐 로즈Neal Roese는 후회에는 크게 두 가지가 있다고 설명한다.

첫째, 행한 행동에 대한 후회이다. 어떤 일을 하고 난 후 '그것을 하지 말아야 했는데'라고 후회하는 것을 말한다. 둘째, 하지 않은 행동에 대한 후회이다. '그때 ~을 해야 했는데' 하며 시도조차 하지 않은 것을 후회한다는 것이다. 그리고 두 가지 후회의 결정적인 차이는 바로 '시간'이라고 한다.

즉, '행한 행동에 대한 후회'는 최근에 일어난 일과 관련되어 있고, '하지 않은 행동에 대한 후회'는 오래전에 일어난 일과 관련이 있다는 것이다. 이 말은 '하지 않은 행동에 대한 후회'가 더 오래가고 '행동에 대한 후회'는 바로 끝난다는 것이다. 시도조차 하지 않는 후회는 평생 자신을 괴롭힌다는 의미다.

문화 심리학자이자 베스트셀러 작가인 김정운은《나는 아내와의 결혼을 후회한다》에서 닐 로스의 후회 연구를 설명하며 이렇게 결론을 짓는다.

"살아 있는 이상, 우리는 반드시 후회하게 되어 있다. 그러나 어차피 후회해야만 하는 것이라면 가능한 한 짧게 하는 게 좋다. 그래야 심리적인 건강을 유지할 수 있다. 짧게 후회하려면 '행동'해야 한다. 확 저질러버리는 편이 고민하며 주저하다가 포기하는 것보다 심리적으로 훨씬 건강하다. 후회가 오래가지 않기 때문이다."

어차피 후회할 것이라면 새가슴처럼 주저하지 말고 저질러야 한다는 것이다. 알프레드 아들러Alfred Adler의 '자유롭고 행복한 삶을 위한 처방전'인《미움받을 용기》도 새가슴처럼 살지 말라고 조언한다. 즉 미움을 받더라도 용기를 가지고 행동하고 움직이란다.

철학자와 청년의 핵심적인 대화 몇 군데를 살펴보자.

철학자 : 남이 나에 대해 어떤 평가를 하든 마음에 두지 말고, 남이 나를 싫어해도 두려워하지 않고, 인정받지 못한다는 대가를 치르지 않는 한 자기 뜻대로 살 수 없어. 자유롭게 살 수 없지.

청년 : 선생님은 저더러 '남에게 미움을 받아라' 하시는 겁니까?

철학자 : 미움받을 것을 두려워하지 말라는 뜻일세.

(중략)

철학자 : 몇 번이고 말했지만, 아들러 심리학에서는 "모든 고민은 인간관계에서 비롯된 고민이다"라고 주장하지. 즉 우리는 인간관계에서 해방되기를 바라고, 인간관계로부터 자유로워지기를 갈망하네. 하지만 우주에서 혼자 사는 것은 절대로 불가능해. 생각이 여기에 이르렀다면 '자유란 무엇인가'에 대한 결론은 나온 것이나 마찬가지라네.

청년 : 뭔데요?

철학자 : 단적으로 말해 "자유란 타인에게 미움을 받는 것"일세.

청년 : 네? 무슨 말씀이신지?

철학자 : 자네가 누군가에게 미움을 받는 것. 그것은 자네가 자유롭게 살고 있다는 증거이자 자신의 방침에 따라 살고 있다는 증표일세.

인간관계든 주도적인 삶을 위해서든 용기가 필요하다는 말이다. 남의 눈을 신경 쓰고 실패를 두려워하면 언젠가는 후회하게 되고 자신이 원하는 삶을 살 수 없다.

꿈을 향해 주저하지 않는 삶을 살고, 그 경험을 카이스트 학생들과 나눈 윤태성 교수가 있다. 그의 저서 《한번은 원하는 인생을 살아라》에서 이렇게 조언한다.

"사실 인생은 하나의 산이 아니라 몇 개의 산으로 이루어진 산맥이다. 일생 동안 몇 개의 산을 오르고 또 내려와야 한다. 그러니 그 중에서 한 번쯤은 내가 오르고 싶은 산에 올라야 한다. 정상에 오르지 못해도 좋다. 단지 내가 오르고 싶어서 올라가는 산이 하나쯤 있다는 사실만으로도 우리 인생은 행복할 수 있기 때문이다."

우리는 살아가는 동안 적게는 6번, 많게는 11번 정도 직업을 바꾼다고 한다. 윤태성 교수의 조언처럼 그때마다 자신이 해보고 싶은 일에 도전하지 않으면 후회로 점철된 인생을 살 수밖에 없다. 인생을 어느 정도 산 사람들은 공통으로 말한다. "하고 싶은 일에 시도하고 도전해 보라"고. "새가슴처럼 주저앉아 있지 말라"고 한다.

인생은 시도하지 않아도 후회하고, 시도한 것에도 후회가 뒤따르는 일이 많다. 그렇다면 일단 시도라도 해 보는 것이 낫지 않겠는가. 도전도 하지 않고 '~했더라면' 하고 탄식만 하면 아무것도 얻을 수 없다. 그러니 더 이상 새가슴처럼 주저하지 말아야 한다. 슬그머니 꼬리를 내리고 숨지도 말자. 자리를 박차고 나아가 자신에게 다가오는 기회를 붙잡자. 미인도 용기 있는 자가 붙잡는다고 하지 않는가. 인생도 용기 있는 사람에게 기회가 주어진다. 그렇지 않으면 '민머리'만 만지작거리게 된다.

인생을 살면서 정말 중요한 것이 무엇인지
판단할 수 있어야 팔랑귀도, 말뚝귀도 되지 않을 수 있다.

05

팔랑귀

스스로 판단하고 결정하라

● 　　　　　　　　　귀가 팔랑거릴 정도로 얇아 남의 말에
잘 넘어가는 사람을 일컬어 팔랑귀라고 한다.

팔랑귀는 그럴듯해 보이는 말만 들으면 혹해서 넘어간다. 자기
주관이 없고 다른 사람의 말에만 귀를 기울인다. 이런 사람은 이
리저리 휩쓸려 다니다 일을 그르치기 일쑤다. 유행에도 민감하다.
무슨 장사를 하면 돈을 벌 수 있다거나, 무슨 자격증을 따면 취업
이 잘 된다거나, 무슨 학과를 가면 전망이 밝다는 말을 들으면 앞
뒤 가리지 않고 저지르고 본다. 자신이 좋아하는 것이나, 하고 싶
은 것, 사려고 하는 물건이 자신에게 꼭 필요한 것인지 따져보지
않는다. 진지하게 생각하지 않고 저지른 일로 자주 후회를 한다.

서른 중반 이전의 내 삶이 그랬다. 팔랑귀의 삶. 그런데 사람들
은 자기 내면의 소리보다 타인의 말에 더 민감하게 반응하는 것
같다. 2천 년 전 사람들도 다르지 않았나 보다. 로마의 황제 마르
쿠스 아우렐리우스Marcus Aurelius가《명상록》에 남긴 말을 보면 알
수 있다.

"모든 인간이 자신을 타인보다 사랑하면서도 어떻게 자신의 의견
보다 타인의 의견이 더욱 가치가 있다고 생각하는지 의아할 때가
많다."

자기 내면을 들여다보고 스스로가 중요하게 여기는 가치대로 생각하는 것이 아니라 타인의 의견에 더 귀를 기울인다는 것이다. 그렇게 행동해 놓고 훗날 자신의 행동에 의아해한다는 것이다.

사람들은 실패를 최소화하기 위해서 팔랑귀가 된다. 그리고 다른 사람의 말에 쉽게 반응한다. 다른 사람이 좋다는 것은 이미 검증이 된 것이라고 여기기 때문이다. 그러나 다른 사람이 좋다는 것이 꼭 나에게도 적용되는 것은 아니다. 사람과 환경과 특성에 따라 그 효과는 얼마든지 달라진다. 사실 모두가 좋다고 할 때 뛰어들면 이미 늦다.

팔랑귀의 삶에서 벗어나기 위해서 한양대 정민 교수의 말에 귀를 기울여보는 것도 좋을 것 같다. 그는 자신의 저서 《미쳐야 미친다》에서 우리의 세태를 날카롭게 꼬집는다.

"함부로 몸을 굴리고, 여기저기 기웃대다가 청춘을 탕진한다. 무엇이 좀 된다 싶으면 너나없이 물밀 듯 우르르 몰려갔다가, 아닌 듯 싶으면 썰물 지듯 빠져나간다. 노력은 하지 않으면서 싫은 소리는 죽어도 듣기 싫어하고 칭찬만 원한다. 그 뜻은 물러 터져 중심을 잡지 못하고, 지킴은 확고하지 못해 우왕좌왕한다. 작은 것을 모아 큰 것을 이루려 하지 않고 일확천금만 꿈꾼다. 여기에서 무슨 성취를 기약하겠는가?"

여기저기 기웃거리는 것이 팔랑귀를 가지고 살아가는 사람을 바로 앞에서 보는 것처럼 말한다. 그러면서 정민 교수는 기웃대지 않고 살려면 삶에 중심이 있어야 한단다. 그는 삶의 중심을 성실함으로 꼽았다. 그 증거로 조선중기의 대표적인 시인이자 독서광이었던 김득신의 삶을 풀어 놓는다.

김득신은 둔재鈍才로 알려져 있다. 열 살에야 글을 배우기 시작할 정도였다. 《십구사략十九史略》을 읽을 때는 첫 단락 26자를 사흘 동안 배우고도 입조차 떼지 못했다고 한다. 하지만 김득신은 배움을 게을리하지 않았다. 둔재라는 약점을 극복하기 위해 김득신이 선택한 방법은 반복독서였다.

좀 읽었다 싶은 책은 모두 1만 번을 넘었다. 아예 암송 수준이었다. 그럼에도 불구하고 자신이 읽은 책 내용을 잘 기억하지 못했다.

《사기史記》에 있는 〈백이전伯夷傳〉을 읽은 후일담이 그 증거다.

어느 날, 김득신은 말을 타고 어떤 사람 집을 지나가고 있었다. 그때 책 읽는 소리가 들려왔다.

말을 멈추고 한참을 듣고 있던 김득신이 말했다.

"이 글이 아주 익숙한데 무슨 글인지 생각이 안 나는구나."

말고삐를 끌던 하인이 이렇게 말했다.

"부학자(夫學者) 재적극박(載籍極博), 어쩌고저쩌고 한 것은 나으리가 평생 읽으신 것이니 쇤네도 알겠습니다요."

그때서야 김득신은 그 글이 〈백이전〉이라는 것을 알았다고 한다. 〈백이전〉을 10만 번 정도를 읽었는데도 그 내용을 까맣게 잊어버린 것이다. 이쯤 되면 글 읽기에 소질이 없음을 알고 다른 일에 기웃거려야 할 것 같다. 하인이야 상전이라 이 정도 말을 건넸지만, 주변 사람들은 얼마나 놀려댔겠는가. 때로는 비아냥거리는 소리도 많이 들었을 것이다.

그래도 김득신은 팔랑귀처럼 다른 사람의 말에 반응하지 않았다. 오직 자신이 해야 할 일에 혼신의 노력을 기울였다. 읽고 또 읽으며 시를 지었다. 단순 무식했지만, 그 노력의 대가는 훗날 나타났다. 당대의 시인이라는 칭호를 받았기 때문이다.

그렇다고 말뚝귀가 되어서도 곤란하다.

말뚝귀는 귀에 말뚝을 박은 것처럼 남의 말에 꿈쩍도 하지 않는 사람을 말한다. 이런 사람은 지나치게 자기중심적으로 살아간다. 인생의 지혜가 될 만한 사람의 조언에 콧방귀도 뀌지 않는다. 개똥철학으로 점철되어 있어 대화도 통하지 않는다. 소통보다 단절된 삶을 살아간다. 삶의 결과가 분명히 보이는데도 불구하고 자신의 삶을 바꾸려 들지 않는다. 이런 사람도 답답하다.

중요한 것은 팔랑귀냐 말뚝귀냐가 아니다. 인생을 살면서 정말 중요한 것이 무엇인지 구별할 수 있는 분별력이다. 자신이 살아갈 인생의 길이 어떤 것인지, 김득신처럼 실패하고 넘어져도 끝까지 도전할만한 가치가 있는지, 인생의 의미와 보람을 얻을 수 있는 것인지, 내가 남들보다 조금이라도 차별화되고 잘할 수 있는 재능과 능력은 무엇인지 판단하는 능력이 필요하다. 인생을 살면서 정말 중요한 것이 무엇인지도 판단할 수 있어야 팔랑귀도, 말뚝귀도 되지 않을 수 있다.

마음의 쇠사슬에 묶여 꼼짝달싹 하지 못하고 있다면
내 현주소를 볼 수 있는 곳으로 달려가야 한다.

06

쇠사슬

나를 묶고 있는 쇠사슬을 끊어라

● 　　　　　　쇠로 만든 고리를 이어서 쉽게 끊어지
지 않도록 만든 단단한 줄을 쇠사슬이라고 한다. 물건을 단단하
게 고정하거나 묶어둘 때 쇠사슬을 사용하는데, 억압이나 압박을
비유적으로 이르는 의미에서 사람의 마음을 묶어버리는데도 적
용되기도 한다.

'서커스단의 코끼리' 이야기가 있다. 서커스단에서는 코끼리를
길들일 때 쇠사슬을 이용한다. 먼저 붙잡혀온 아기 코끼리의 발
목에 쇠사슬을 채우고, 커다란 말뚝에 묶어 도망가지 못하게 한
다. 아기 코끼리는 쇠사슬에서 벗어나기 위해 발버둥을 치지만
아직 어려서 쇠사슬을 끊을 만큼의 힘은 없다. 그때마다 쓰라린
고통을 겪을 뿐이다. 그리고 자유를 향한 몸부림의 결과는 아픔
뿐이라는 것을 경험한다. 어느 순간부터 코끼리는 도망칠 수 없
다고 판단하고 쇠사슬의 길이 안에서만 움직인다. 그 길이를 벗
어나면 어떤 결과가 주어질지 알기 때문이다. 그 이후로는 쇠사
슬을 끊기 위한 노력을 멈추고 그렇게 묶여 지낸다. 어른 코끼리
가 되어 쇠사슬을 끊고 자유를 향해 나아갈 충분한 힘이 있어도
이제는 시도조차 않는다. 자신에게는 그런 능력이 없다고 여긴다.
쇠사슬이 발목에 묶인 것이 아니라 마음에 묶여 있어서 그렇다.

삶을 바꾸는데 가장 큰 걸림돌은 '마음의 쇠사슬'이다. 자신도
모르게 마음의 쇠사슬에 묶여버린 것은 쓰라린 고통을 지속해서
맛보기 싫어서이다. 실패의 쓴잔을 마시기 싫은 것이다. 실패로

인한 고통과 고난으로 힘들게 살고 싶지 않기 때문에 스스로 체념하며 주어진 환경에 길들여 산다. 자신이 가진 재능과 능력이 무한함에도 그것을 발견하려는 의지마저 체념한다. 이런 상황에 처해지면 다른 사람의 조언마저 들리지 않는다. 조금만 시선을 돌리고 마음을 바꾸면 얼마든지 살아날 돌파구가 있다고 해도 믿지 못한다. 아니 믿기 싫다. 마음을 바꾸고 움직일 힘조차 생기지 않기 때문이다. 그렇다고 현재의 삶대로 살아가는 것도 답이 아니다.

그럼 어떻게 해야 삶을 바꿀 수 있을까? 독일의 심리학자이자 세계적인 트라우마 전문가 게오르크 피퍼Georg Pieper가 말한 위기 대처 능력을 참고하면 좋을 듯하다.

그는《쏟아진 옷장을 정리하며》에서 이렇게 조언한다.

"위기는 삶(즉 옷장의 내용물)이 산산조각 난 듯한 느낌을 준다. 그때 처음 든 생각은 이렇다. '어서 주워 담아! 어떻게 해서든! 그리고 얼른 옷장 문을 닫아!' 그러나 내용물로 가득 차 뒤죽박죽된 옷장은 닫아도 닫아도 문이 다시 열린다. 내용물을 꺼내 하나하나 차곡차곡 정리하고, 나를 힘들게 하는 것이 무엇인지 똑바로 보아야 혼란을 극복할 수 있다. 쉬운 일이 아니다. 하지만 정리가 끝나고 나면 스스로에게 정말 잘했다고 말할 수 있을 것이다. 위기를 견디고 살아남았을 뿐 아니라, 위기 가운데 성장했기 때문이다."

자신이 어떤 쇠사슬에 묶여 있는지 자세히 살펴보라는 것이다. 정면 돌파다. 피하기만 해서는 근본적인 문제를 해결할 수 없단다. 어떤 문제와 고통으로 힘들어하는지 마음을 샅샅이 뒤져서라도 찾아보아야 한다. 사실, 마음의 쇠사슬은 눈에 보이지 않아 자신 외에는 그 존재를 알 길이 없다. 이는 다른 사람은 자기 속마음의 쇠사슬을 끊어 줄 수 없다는 뜻이다. 오직 자신의 힘으로 꽁꽁 묶여 있는 마음의 쇠사슬에서 벗어나야 한다.

마음의 쇠사슬에서 자유를 얻으려면《장자》의 붕새 이야기에서 힌트를 얻는 것이 좋을 것 같다.

"북쪽 바다에 물고기 한 마리가 있었는데, 그 물고기 이름은 '곤'이다. 곤의 둘레의 치수는 몇천 리인지를 알지 못할 정도로 컸다. 그것은 변해서 새가 되는데, 그 새의 이름은 '붕'(鵬)이다. 붕의 등은 몇천 리인지를 알지 못할 정도로 컸다. 붕이 가슴에 바람을 가득 넣고 날 때, 그의 양 날개는 하늘에 걸린 구름 같았다. 그 새는 바다가 움직일 때 남쪽 바다로 여행하려고 마음먹었다."

'붕새'는 실재하지 않는 새이다. 장자는 허구적인 새를 만들어 놓고 자신이 추구하고 싶었던 이상적인 사상의 체계를 설명하려 했다. 장자의 사상은 차치하고, 소요유에서 이야기하려는 것은 변형이 이루어지는 과정이다. 붕새는 처음에는 물고기에 지나지 않왔다. 그것도 북쪽 바다 밑이었다. 북쪽은 어딘가 모르게 춥고 어두운 곳이다. 크기는 어마어마하지만 아직은 존재감도 없다. 마음의 쇠사슬에 묶여서 숨어 있는 것과 비슷한 처지다. 그것이 변해서 새가 된다.

그런데 붕새가 하늘을 날려면 자신의 힘만으로는 부족하다. 바다가 움직일 때의 힘을 빌어야 비로소 날 수 있다. 세상사 일들이 자신의 힘만으로 되는 것은 아님을 의미하는 것 같다. 그래도 하늘로 날아오르려면 붕새의 의지가 중요하다. 바다의 기운을 힘입어도 스스로 날려고 날갯짓을 하지 않으면 하늘로 날아오를 수 없다. 물고기가 새가 되는 변신이 이루어져도 하늘은 저절로 날 수가 없다. 끊임없이 날개를 움직여 창공으로 비상하는 수고를 들여야 한다. 누군가의 도움도 중요하지만 결국은 스스로 힘으로 날아올라야 한다는 것이다. 마음속에 굳건하게 감긴 쇠사슬에서 벗어나는 것도 결국은 스스로 해결해야 함을 의미한다. 붕새가 하늘로 날아오르면 바라보는 시선이 달라진다.

장자는 붕새가 하늘에서 본 것을 이렇게 이야기한다.

"저 땅 아래위에는 아지랑이가 피어오르고, 티끌이 날고, 생물들이 서로 숨을 불어 주고 있다. 위를 보니 하늘을 푸르기만 하다. 이것이 원래 하늘의 올바른 색일까? 끝없이 멀기 때문에 푸르게 보이는 것은 아닐까? 붕새가 나는 구만리 상공 저 위에서 지상을 내려다보아도 또한 저러할 뿐이다."

시선이 달라지자 보이는 것이 달랐다. 높은 하늘 위에서 땅을 보자 민낯이 보였다. 아웅다웅하며 사는 현실을 자세히 본 것이다. 그러자 땅 위에서 지냈던 삶들이 별것 아니라는 생각이 든다. 대단한 것도 아닌 것에 마음을 쓰고 아파하며 힘들어한 것이 오히려 쪼잔해 보이기까지 한다. 왜 그렇게 쇠사슬에 묶여 능력을 발휘하지 못했는지 한탄스럽다. 그렇게 문제의 근원은 거리를 두고 시선을 달리할 때 발견할 수 있다. 쇠사슬을 푸는 핵심은 '거리 두기'에 있다.

마음의 쇠사슬에 묶여 꼼짝달싹 하지 못하고 있다면 내 현주소를 볼 수 있는 곳으로 달려가야 한다. 적당한 거리를 두고 내 마음을 살펴야 한다. 그리고 '자존심의 쇠사슬'인지, 가족으로부터 받은 '상처의 쇠사슬'인지, 처한 환경에 대한 '자격지심의 쇠사슬'인지 살펴야 한다. 내 마음의 현실을 피하지 않고 직면할 수 있어야 해결책을 모색할 수 있다.

붕새처럼 내 마음 전체를 바라볼 수 있는 곳은 어디인가? 그곳으로 지금 당장 달려가는 길이 꽁꽁 묶인 쇠사슬에서 벗어나는 지름길이다.

이야기를 어떻게 이해하고, 해석하고,
적용하느냐에 따라 인생의 향방이 달라진다.

07

스토리

당신만의 이야기를 써라

어린 시절 할머니에게 '옛날, 옛날 아주 먼 옛날'로 시작하는 이야기를 들으며 자랐다. 호랑이가 "곶감 하나 주면 안 잡아먹지"라고 말하며 사람을 위협할 때는 순진하게도 곶감을 찾아보기도 했다. 귀신 이야기를 들으면 화장실도 가지 못했다. 이야기 속에서 들었던 존재들이 실제로 나타날 것 같은 착각에 빠졌기 때문이다.

그렇게 이야기를 들으며 우리는 강한 상대를 물리치는 용기를 배우고, 어렵고 힘든 삶을 헤쳐 나갈 지혜도 발견했다. 두려움을 극복하며 살아가는 능력도 알았다. 수많은 이야기를 들으며 나름대로 살아갈 인생에 대해 상상의 나래를 펴곤 했다.

할머니에게 들었던 구연동화는 삶의 지침이 될 만한 이야기로 가득했다. 세월이 흐르면서 직접 들을 수 없게 된 이야기들은 출판문화의 발달로 글로 읽을 수 있게 되었다. 온갖 동물을 바탕으로 인간 삶을 그려낸 이솝Aesop의 우화寓話가 그렇다.

기원전 6세기경의 이야기꾼 이솝이 노예로 사회 밑바닥 생활을 하며 살핀 귀족들의 삶은 여러 동물로 빗대어 표현되었다. 그 이야기를 읽으면서 어떻게 살아가는 것이 행복한 삶이고 지혜로운 삶인지 상상할 수 있었다. '여우와 두루미' 이야기로 상대에게 배려하는 것이 무엇인지 배웠고, '여우와 신 포도' 이야기에서는 어려운 목표를 만날 때 자신을 합리화하면 안 된다는 교훈도 알았다. 동물들의 이야기를 통해서 험난한 세상을 헤쳐 나갈 힘과 능력과 지혜를 배운 것이다.

어디 그뿐인가. 그리스 로마 신화는 인간 삶의 본연을 이해하는 데 큰 도움이 되었다. 사람들이 인간 존재의 본성과 삶에 대한 근원적인 질문을 신화에 담아냈기 때문이다. 인생을 살면서 들었던 의문과 교훈과 메시지도 교묘히 숨겨 두었다. 태양 가까이 날면 안 된다는 아버지의 경고를 무시한 이카로스는 그만 밀랍이 녹아 바다에 빠지고 만다. 이카로스를 통해 우리는 욕망의 그림자를 볼 수 있었다. 상자를 열어보면 안 된다는 경고를 무시한 판도라는 우리에게 온갖 재앙이 어디에서 비롯되었는지 이해하는 데 도움을 주었다.

이 책에서도 신화를 예화 삼아 많은 이야기를 풀어냈다. 우리 삶을 조금이나마 이해하고 인간 삶의 전형적인 모습이 축약되어 활용하기에 적격이었다.

조지 오웰George Orwell이 우화 형식으로 쓴 《동물농장》은 인간에게 착취당하던 동물들이 인간을 내쫓고 동물농장을 세운다는 이야기다. 돼지들을 소재로 삼아 독재자와 사회주의 문제를 풍자했다. 그 이야기를 읽다 보면 자연스레 러시아가 생기기 전 소련의 정치 상황이 한눈에 보인다. 조지 오웰은 돼지들을 통해 정치문제를 이해하도록 도왔다. 러시아뿐만 아니라 영국의 정치사를 풍자한 소설도 있다. 바로 《걸리버 여행기》다. 조너선 스위프

트Jonathan Swift는 소설을 통해 이상적인 정치가 무엇인지 은근히 제시하고 있다. 이야기는 한 나라의 정치사까지 이해하도록 도운 것이다.

이야기는 먼 옛날 것만 활용되지 않는다. 요즘은 무엇을 하든 이야기가 있어야 통하는 시대가 되었다. 상품을 팔더라도 이야기를 덧입혀야 소비자의 이목을 끌 수 있다. 아파트 광고만 봐도 그렇다. 그냥 아파트가 아니라 풍성한 여가 활동을 즐기고, 사회적인 자존심도 챙기고, 가족의 행복까지 책임질 수 있는 아파트라고 이야기를 덧입힌다. 잠자고 생활하는 공간만이 아니라 그 안에 이야기를 덧입혀 의미를 추구하게 만든다. 사람들은 상품을 통해 자신이 추구하는 의미와 보람을 얻을 수 있다고 믿는다. 그런 믿음이 상품 선택으로 이어진다.

제품을 만드는데도 이야기로 덧입히지 않으면 팔리지 않는다. 대표적인 기업이 애플이다. 애플은 스티브 잡스Steve Jobs의 지나온 삶의 스토리를 덧입혀 마케팅했다. 부모의 얼굴도 보지 못하고 청소년기의 삶을 보낸 이야기, 양부모의 부담을 덜어주기 위해 대학을 자퇴한 이야기, 자신이 세운 회사에서 해고를 당했으나 어려워진 회사를 일으켜 세우기 위해 다시 애플로 돌아온 이야기 등은 사람들의 마음을 움직였다. 인문학적 사고로 아이팟과 아이폰을 만든 '이야기의 힘'은 우리나라에 인문학 붐을 일으키는 데

일조했다. 이것도 이야기의 힘에서 나왔다.

어제와 다른 삶을 살도록 돕는데도 이야기를 활용한다. 어려운 삶을 극복하고 성공적인 삶을 산 이들의 이야기를 통해 동기를 부여받는다.

박지성은 체격 조건도 좋지 않았을 뿐만 아니라 축구 선수로는 부적합한 평발이었다. 그런데도 세계 최고의 축구 선수가 될 수 있었다는 그의 이야기는 축구 꿈나무들에게 '나도 할 수 있다'는 희망을 불어넣어 준다. 또 현대그룹을 창업한 정주영은 사진 두 장과 지도 한 장으로 조선소를 세우고 유조선까지 수주했다. 그의 전설 같은 이야기는 '포기하지 않으면 성공할 수 있다'는 정신을 일깨워주었다.

성공한 이야기를 들으면 사람들은 나도 할 수 있다는 자신감을 얻는다. 그들의 삶을 모델 삼아 이미 수많은 사람들이 꿈을 이루었다. 그리고 자신만의 성공 스토리를 만들어가고 있다. 지금도 사람들은 성공한 사람들의 스토리에 열광하며 삶을 바꾸는 밑거름으로 삼는다.

그런데 여기서 한 가지 유념해야 할 것이 있다. 이야기를 받아들이는 우리의 자세에 대한 것이다. 이야기를 논리적으로 이해하고 판단하는 단계를 넘어 그 안에서 비유적이고 상징적인 메시지를 찾아내야 한다. 그리고 그것에 의미를 부여해 내 삶을 바꾸는

데 활용할 수 있어야 한다. 이솝이 전하는 350편이 넘는 우화를 동물들의 이야기로 치부하면 곤란하다. 그 동물들이 던지는 메시지를 찾아내고 내 삶에 어떻게 적용해 나아가야 할지 읽어내야 한다는 것이다. 얼토당토않은 것 같은 신화를 통해서 우리 삶의 현실을 꿰뚫고, 나아가 지금 나는, 우리 시대는 어떻게 생각하고 판단하며 행동해야 하는지 알고, 또 실천하는 힘으로 활용할 수 있어야 한다.

근래 우리 사회는 세월호 참사와 조류 인플루엔자(AI) 발생, 대통령 탄핵과 같은 굵직굵직한 일들로 힘겨운 삶을 이어가고 있다. 개인적인 노력으로 문제를 극복해야 할 것이 있고, 정부와 정치인들이 해결해 줘야 할 문제도 있다. 개인적인 삶의 문제는 차치하더라도 정부의 대응은 많은 아쉬움이 남는다. 정부가 정치적인 코너에 몰릴 때면 예기치 않는 사건 사고가 매스컴을 장악한다. 정부가 의도적으로 이야기를 만들어 낸 것도 있고, 기존에 있는 사건들을 잔뜩 부풀려 놓은 것도 있다. 사람들이 혹할만한 이야기를 퍼뜨려 본질을 보지 못하게 하는 것이다. 이것은 우리나라뿐만 아니라 세계 어디를 가도 비슷한 현상을 보인다. 사치의 대명사로 불리며 단두대의 이슬로 사라진 비운의 왕비 마리 앙투아네트Marie Antoinette도 가공된 이야기에서 비롯되었다.

그렇게 불필요한 가십거리에 한눈파는 사이에 정작 중요한 기

사나 이슈는 말없이 사라진다. 국민들은 언제 그런 일이 있었냐는 듯이 까맣게 잊고 만다. 이야기를 해석하고 의미를 읽어낼 수 없는 눈이 성숙한 정치문화를 만들어내지 못한 것이다.

결국 국민의 삶의 질도 향상되지 않는다. 그러니 아무 이야기에나 혹하거나 부화뇌동해서는 안 된다. 그 이야기 이면에 어떤 본질을 숨기고 싶어 하는지 알아내려는 노력이 필요하다는 것이다.

개인적인 삶도 마찬가지다. 현재 만들어내고 있는 자기 삶 이야기의 본질을 볼 수 있어야 한다. 오늘 하루 반짝했던 이야기에 혹하거나 조그마한 성취 경험을 과대 포장하고 해석하면 곤란하다. 진짜 내 삶의 이야기가 어떻게 써지고 있는지 냉철하게 볼 수 있어야 한다. 이야기의 주제와 결말의 큰 틀 안에서 오늘의 삶을 보아야 한다.

지금 써가고 있는 이야기가 진짜 내가 살아가고 싶은 이야기와 부합하는 지도 살펴야 한다. 어제와 다른 오늘은 오늘 내가 써 내려간 삶의 이야기에 따라 결정된다. 그리고 그 이야기를 어떻게 이해하고, 해석하고, 적용하느냐에 따라 인생의 향방이 달라진다.

아주 작은 것부터 습관으로 만들어야
어제와 같은 익숙함으로 돌아가지 않는다.

08

익숙함

좋은 습관을 만들어라

사람은 쉽게 바뀌지 않는다. 잔소리를 해대고 채찍질을 가해도 그때뿐이다. 가끔 삶을 바꾼 사람들이 나타나긴 하지만 얼마 못 간다. 스스로 삶을 변화시켜야 하는 명확한 동기를 부여받고, 그에 따른 습관을 형성하지 않는 이상 작심삼일에 그치고 만다. 어제와 같은 익숙한 생활과 결별하지 않는 이상 삶은 변화되기 힘들다.

가만히 살펴보면 해마다 비슷비슷한 목표를 세우고 계획을 짰다. 건강한 몸, 날씬한 몸을 만들기 위해 헬스클럽 회원권을 할인받아 1년 치를 끊는 것, 영어 정복을 목표로 새벽이든 저녁 시간이든 짬을 내 공부해보겠다고 학원을 등록해본 일, 금연을 위해 전자담배를 산 일 등. 먹을 것 안 먹고, 놀러 갈 것 줄여가며 투자한 돈인데 본전도 뽑지 못하고 슬그머니 꼬리를 내리기 일쑤였다. 굳은 다짐으로 결심하고, 슬그머니 포기하고, 다시 마음을 다잡아 결심하고, 또 힘에 부쳐 포기하며 반복된 삶을 산 이들이 많다.

이런 경험이 반복되면 이제는 계획조차 세우지 않고 체념 된 삶을 살고 만다. 왜 이런 일이 매년, 매월, 매주 반복되는 것일까? 삶을 변화시켜보겠다는 굳은 결심으로 의지를 다지지만 언제 그랬느냐는 듯이 다시 익숙한 삶으로 회귀하는 것은 모두 습관 때문이다.

삶을 바꾸는데 가장 영향력 있는 덕목 한 가지를 말하라면 단연 습관이라고 말할 수 있다. 습관을 정의해 주는 이야기를 들으면 공감이 갈 것이다.

"나는 모든 위대한 사람들의 하인이고, 또한 모든 실패한 사람들의 하인입니다. 위대한 사람들은 사실 내가 위대하게 만들어 준 것입니다. 실패한 사람도 사실 내가 실패하게 만들었습니다. 나를 택해 주십시오. 나를 길들여 보십시오. 엄격하게 대해 보십시오. 그러면 세계를 제패하게 해 드리겠습니다. 나를 너무 쉽게 대하면, 당신을 파괴할지도 모릅니다."

위의 이야기에서 '나'는 바로 습관이다. 습관의 힘이 놀라울 뿐이다. 지금 내 삶을 변화시키려면 습관을 바꾸어야 한다. 습관을 바꾸지 않는 한 희망은 존재하지 않는다.

시대를 뛰어넘어 삶의 지혜를 전수해주는 《논어》의 시작도 습관에 대한 이야기다.

'배우고 때때로 그것을 익히면 또한 기쁘지 아니한가.'
학이시습지(學而時習之) 불역열호(不亦說乎)

우리가 공부하는 학습學習이라는 단어의 유래이다. 배우는 일이 기쁜 일이라는 것이다. 사실 배움으로 모르는 것을 깨닫고, 새로운 것을 발견하는 일은 무척 즐거운 일이다. 이런 기쁨이 배움의 과정에서 나타난다. 그런데 배움을 통해 기쁨을 맛보기 위해서 전제되어야 할 것이 있다. 바로 익히고 익히는 습習의 과정이다. 모르는 것을 알려고 하는 습관이 길러져야 배움을 통해 기쁨을 맛볼 수 있다는 것이다.

《논어》〈양화편陽貨篇〉에는 대놓고 습관의 중요성을 이야기한다.

'타고난 본성은 서로 비슷하지만 습관이 차이를 만든다.'

성상근야(性相近也) 습상원야(習相遠也)

습관이 본성을 누를 만큼 힘이 있다는 이야기다. 결국 습관의 차이가 인생을 바꿀 수 있단다. 이는 선천적인 재능보다 후천적인 습관의 형성이 차이를 만든다는 의미다. 그러니 바람직한 습관을 기르는데 온 힘을 다 쏟아야 한다.

습관이 이렇게 중요하지만, 삶에 온전히 적용해 나가기는 힘들다. 바람직한 습관을 만드는 것이 쉬웠다면 각종 명언이 만들어지지 않았을 것이다. 《논어》의 첫 시작도 다른 이야기로 전개되었을 것이다. 그만큼 좋은 습관을 형성시키는 것은 어렵다.

그럼 어떻게 하면 바람직한 습관을 형성해 삶을 바꿀 수 있을까?

전문가들은 하나같이 실현 가능한 것부터 도전하라고 말한다.

아주 작은 것부터 습관으로 만들어야 어제와 같은 익숙함으로 돌아가지 않는다.

개인 성장 전략가 스티븐 기즈Stephen Guise는 "지킬 수 없는 '위대한 목표'보다 지킬 수 있는 '사소한 행동'이 당신의 인생을 극적으로 바꿀 수 있다"를 모토로 전 세계에 '습관 신드롬'을 일으켰다.

그는 저서 《습관의 재발견》에서 "습관은 실현 가능한 아주 작은 것부터 시작해야 한다"며 이렇게 말한다.

"제아무리 거창한 계획이라도 결과가 따라오지 않으면 아무 소용이 없다. 앞으로 매일 하루에 두 시간씩 운동을 하겠다고 당당히 선언하더라도 실천하지 않으면 아무 의미가 없다. 오히려 행동이 뒷받침되지 않는 계획은 자신감만 떨어뜨릴 뿐이다."

"작은 일을 매일매일 실행하는 것은 하루에 많은 일을 하는 것보다 더 큰 영향력을 발휘한다. 얼마나 큰 영향력일까? 상상할 수 없을 정도로 어마어마하게 크다. 매일 실천하는 작은 일은 평생 동안 지속되는 기본적인 습관으로 자라날 수 있다."

하지만 스티븐 기즈도 처음부터 올바른 습관을 기른 것은 아니었다. 새해를 맞아 하루 30분 운동을 하겠다는 결심조차 지키지 못했다. 30분을 운동할 만한 체력도 의지도 없었기 때문이다.

그는 운동을 시작도 하기 전에 자신감을 상실하고 죄책감에 빠졌다. 그것을 극복하기 위해 더도 덜도 말고 하루에 딱 한 번만이라도 팔굽혀 펴기를 해보기로 결심하고 실천한다. 그리고 그 팔굽혀펴기 한 번이 위대한 습관을 만들고 인생을 바꾸는 시작점이 되었다. 실현 가능한 아주 작은 것부터 도전한 것이 습관을 만드는 승리의 비결이었다.

효과적으로 습관을 만들어가려면 예외사항을 두어서는 안 된다. 핑계를 대는 것을 결코 용납해서는 곤란하다. 몸이 찌뿌듯하고 컨디션이 좋지 않아도 딱 한 번 팔굽혀 펴기를 해야 한다. 늦은 술자리나 회의가 있어도 반드시 팔굽혀펴기를 해야 한다. 아무런 핑계 없이 묵묵히 실행해야 아주 작은 것이라도 하루의 삶 속에서 실천할 수 있다.

습관을 만들기 위한 자기 동기부여로 스스로 상을 주는 것도 좋다. 내일을 기대하게 만들 수 있는 흥분되는 상을 줘보는 것이다. 어제와 비슷한 지루한 일상에서 작은 실천을 이어가는 것이 힘들기 때문이다. 자신에게 주는 상 때문이라도 오늘 삶 속에서 습관을 길들이기 위한 행동을 취할 수 있다.

그런데 습관은 개인의 삶뿐만 아니라 기업경영에도 큰 영향을 끼치고 있다. 소비자들의 패턴, 즉 습관을 읽어내 마케팅 전략으로 활용하는 것이다. 습관 분석 프로그램은 임산부의 임신 개월 수까지 맞춘다. 그들이 다음에 사용할 물건을 예측해 마케팅에 활용한단다. 패턴이 읽히면 마케팅 전략에 넘어가고 만다. 사지 말아야 할 물건까지 카트에 담게 되는 것이다.

'빅데이터Big Data'도 사람들의 습관을 읽어내고 분석하는 데서 비롯되었다고 해도 과언이 아니다. 지금도 수많은 기업이 소비자의 습관을 읽어내기 위해 혈안이 되어 있다. 습관을 읽어내는 것만큼 수익이 뒤따르기 때문이다.

자기 삶의 패턴, 즉 습관적인 행동을 살펴보라. 그 습관을 분석해보면 앞으로 어떤 삶이 펼쳐질지 예측이 갈 것이다. 눈에 훤히 보이는 삶을 보고도 아주 작은 노력도 기울이지 않겠다면 할 수 없다. 지금 그대로 인생을 살아갈 수밖에. 습관을 바꾸지 않고서 더 나은 미래를 꿈꾸지 마라. 어제와 같은 익숙한 인생이 펼쳐질 뿐이니.

후회없는 삶, 어제와 다른 삶을 꿈꾸고 있다면
식어버린 마음에 불을 지피면 된다.

09

뜨거움

뜨거워야 움직인다

뜨거움은 살아있다는 증거다. 뜨거운 심장이 뛰고 36.5도의 체온을 유지하고 있다는 것은 지금 내가 살아있다는 것이다. 반면에 주검은 싸늘하다. 싸늘하게 식어버린 몸에 첨단 의료기기와 의료 기술은 소용이 없다. 어떤 노력으로도 움직이게 할 수 없으니 말이다. 살아 있는 생명체로 다시 살아나게 하려면 뜨겁게 심장이 뛰어야 한다.

뜨거워야 움직일 수 있다. 자동차를 보면 이해가 간다.

자동차를 움직이게 하는 동력은 엔진이다. 엔진의 상징은 곧 뜨거움이다. 강력한 엔진일수록 뜨거움은 더해진다. 그 뜨거움을 식히기 위해 냉각수가 있다. 뜨거워지지 않았다는 것은 지속해서 움직이지 않았다는 증거다.

어찌 자동차뿐이랴. 동력을 가진 모든 기계의 힘은 뜨거움에서 나온다. 사람도 다르지 않다. 삶을 바꾸기 위해 움직이려면 가슴이 뜨거워야 한다. 뜨거워져야 움직일 수 있는 동력이 생산되기 때문이다.

뜨거운 가슴으로 인생을 살았던 이를 이야기한 소설이 있다. 바로 니코스 카잔차키스Nikos Kazantzakis의 《그리스인 조르바》이다. 소설 속의 조르바야 말로 뜨겁게 인생을 살았다. 책의 화자인 '나'는 나름 책벌레라는 이야기를 들을 정도로 배움이 있었다. 하지만 조르바는 배움이 미천했다.

"학교의 문 앞에도 가보지 못했고 그 머리는 지식의 세례를 받은 일이 없다. 하지만 그는 만고풍상을 다 겪은 사람이다. 그래서 그의 마음은 열려있고 가슴은 원시적인 배짱으로 고스란히 잔뜩 부풀어 있다."

뜨거운 삶을 사는 것은 얼마나 많이 배웠는지 상관이 없다는 것을 알게 한다. 조르바는 많이 배우지는 못했지만, 가슴에는 뜨거움이 있었다. 화자가 조르바를 본 생각을 글로 적어 놓은 것을 보면 알 수 있다.

"그렇다. 나는 그제야 알아들었다. 조르바는 내가 오랫동안 찾아다녔으나 만날 수 없었던 바로 그 사람이었다. 그는 살아 있는 가슴과 커다랗고 푸짐한 언어를 쏟아 내는 입과 위대한 야성의 영혼을 가진 사나이, 아직 모태母胎인 대지에서 탯줄이 떨어지지 않은 사나이였다. 언어, 예술, 사랑, 순수성, 정열의 의미는 그 노동자가 지껄인 가장 단순한 인간의 말로 내게 분명히 전해져 왔다."

조르바는 배움은 부족했지만 삶은 열정적이었다. 책벌레라는 화자보다 훨씬 경험이 풍부했다. 뜨거운 심장으로 세상을 산 살아있는 경험은 사람을 대하고 사업을 하는 것에 지혜로 나타났다. 조르바의 산 지혜가 화자의 사업까지 도우니 말이다. 그런 조르바의 매일의 삶은 어떠했을까.

다시 조르바가 한 말을 들어보자.

"나는 어제 일어난 일은 생각 안 합니다. 내일 일어날 일을 자문하지도 않아요. 내게 중요한 것은 오늘, 이 순간에 일어나는 일입니다. 나는 자신에게 묻지요. '조르바, 지금 이 순간에 자네 뭐 하는가?' '잠자고 있네' '그럼 잘 자게' '조르바, 지금 이 순간에 자네 뭐 하는가?' '일하고 있네' '잘해 보게' '조르바 지금 이 순간에 뭐 하는가?' '여자에게 키스하고 있네' '조르바 잘해 보게. 키스할 동안 딴 일일랑 잊어버리게, 이 세상에는 아무것도 없네. 자네와 그 여자밖에는. 키스나 실컷 하게.'"

조르바는 현재의 삶에 열정을 쏟아부었다. 이것은 로빈 윌리엄스가 주연한 영화 〈죽은 시인의 사회〉에서 주인공 키팅 선생이 학생들 앞에서 말한 '카르페 디엠Carpe Diem'의 뜻과 일맥상통한다. '지금 이 순간의 삶에 충실하라'라는 말이다.

자유를 추구한다지만 조르바도 나름의 계획과 목표가 있었을 것이다. 하지만 내일을 기약하기보다는 오늘의 삶에 충실했다. 뜨거운 마음으로 오늘에 최선을 다했다. 참 지혜로운 선택이다. 오늘의 삶의 토대 위에 내일의 삶이 더해지니 말이다.

지금 이 순간에 최선을 다하는 삶은 그가 평소 일을 대하는 태도로 나타난다. 조르바는 대충하는 법이 없었다. 어정쩡한 태도가 얼마나 위험한지 하느님까지 거론하며 열변을 토한다.

"일을 어정쩡하게 하면 끝장나는 겁니다. 말도 어정쩡하게 하고 선 행도 어정쩡하게 하는 것, 세상이 이 모양 이 꼴이 된 건 다 그 어정 쩡한 것 때문입니다. 할 때는 화끈하게 하는 겁니다. 못 하나 박을 때마다 우리는 승리해 나가는 것입니다. 하느님은 악마 대장보다 반거충이 악마를 더 미워하십니다!"

뜨거운 마음으로 평생을 산 조르바는 죽음의 순간까지 이런 삶 의 태도를 유지한 것 같다. 그의 죽음을 지켜본 지인의 편지를 보 면 이해가 간다.

"유언이 끝나자 그는 침대에서 일어나 시트를 걷어붙이며 일어서 려고 했습니다. 우리가 달려가 말렸습니다. 그러나 그는 우리 모두 를 한쪽으로 밀어붙이고는 침대에서 뛰어내려 창문 가로 갔습니 다. 거기에서 그는 창틀을 거머쥐고 먼 산을 바라보다 눈을 크게 뜨고 웃다가 말처럼 울었습니다. 이렇게 창틀에 손톱을 박고 서 있 을 동안 죽음이 그를 찾아왔습니다."

수많은 죽음의 이야기가 있지만, 서서 죽음을 맞이한 이는 드물다. 그런데 조르바는 서서 죽음을 맞는다. 니코스 카잔차키스는 조르바의 죽음을 통해 무엇을 말하고 싶었을까? 아마 삶의 마지막까지 자신의 뜨거운 열정과 자유 의지를 잃지 않으려는 태도였으리라.

뜨거운 마음으로 인생을 살아가야 함의 중요성을 미리 알았던 사람이 있다. 바로 미시경제학의 아버지라 불리는 알프레드 마샬Alfred Marshall이 그 주인공이다.

그는 케임브리지대학에서 경제학을 가르치며 학생들에게 "냉철한 머리와 뜨거운 가슴을 품으라"라고 말한다. 그는 경제를 공부하려면 뜨거운 마음으로 문제를 인식할 수 있어야 한다고 생각했다. 뜨거운 마음에서 사랑의 마음도 열정도 솟아난다. 뜨거운 마음 바탕에서 문제를 인식해야 냉철하게 그 문제를 해결할 수 있다고 본 것이다. 뜨거운 마음 없는 지식과 지혜는 사람의 마음을 아프게 할 수 있다. 이런 가치가 피구Arthur Cecil Pigou와 케인즈 John Maynard Keynes 같은 뛰어난 제자를 위대한 경제학자로 길러낼 수 있었다.

마샬의 저서 《경제학 원리》는 1890년 출간된 후 30년 동안 영국 각 대학에서 경제학 교재로 사용될 정도로 영향력이 있었다.

후회 없는 삶, 어제와 다른 삶을 꿈꾸고 있다면 식어버린 마음에 불을 지피면 된다. 마음이 뜨거워지면 삶을 역동적으로 끌어갈 수 있다. 내 마음을 뜨겁게 하는 것은 무엇인가? 어떤 생각을 하면, 어떤 장소에 가면, 어떤 책을 읽으면, 어떤 영화를 보면, 어떤 사람을 만나면 마음이 뜨거워지는가?

모두가 성공적인 삶을 살았다고 이구동성으로 이야기하는 인생 선배들의 삶을 살피면 공통점이 보인다. 바로 뜨거운 마음으로 삶을 불태웠다는 것이다. 조르바의 말마따나 어정쩡하게 인생을 살지 않았다. 삶의 현장에서 뜨거운 불꽃을 피우며 혼신의 노력을 기울였다. 그것이 삶을 바꾸는 원동력이다.

독립된 주체로 스스로 일어서려면
울타리를 뛰쳐나가야 가능해진다.

10

울타리

경계를 분명히 하라

● 　　　　　　　　　　수렵시대가 종식되고 농사를 지으면서
사람들은 정착을 시작했다. 농사를 통해 얻고 남은 농산물로 부
도 축적할 수 있었다. 그러자 남은 농산물을 노리는 무리가 나타
났다. 힘 있는 자들은 자신들의 힘을 이용해 약한 자들의 농산물
을 약탈했다. 힘이 없는 사람들은 무리를 짓고 울타리를 세워 자
신들을 보호했다. 키우는 가축을 야생동물의 위협으로부터 지키
기 위해서도 울타리를 세웠다.

지금도 사람들은 자기 영역의 경계를 가르기 위해 울타리를 친
다. 나아가 자신의 이익을 극대화하기 위해 공동체를 만들어 스
스로 울타리를 치고 회원들을 보호한다.

사람들은 성공을 위해 영향력 있는 공동체에 들어가려고 혈안
이 되어 있다. 서로를 보호하고 이끌어주는 곳에 합류할 수만 있
다면 뭐든지 하려고 한다. 그런 공동체에 들어가기만 하면 성공
은 '떼어 놓은 당상'이라고 여기기 때문이다.

이른바 SKY 대학 출신의 부모일수록 자녀들을 SKY 대학에 보
내려고 하는 것도 그 이유다. SKY 대학이라는 공동체가 주는 유
익을 사회생활을 통해 충분히 누려 보았기에 그 효과를 안다. 그
래서 SKY 대학에 들어갈 수만 있다면 수백만 원 하는 사교육이나
컨설팅을 마다하지 않는다. 울타리 밖에 사람들은 그곳으로 진입
하려고 심혈을 기울인다. 그러다 보니 곳곳에서 문제가 생긴다.

공동체는 회원들을 결속시키고 자긍심을 북돋기 위해 복장을 통일시키기도 한다. 특별하게 제작된 옷을 입혀 조직의 정체성을 확고히 하는 것이다. 한 예로 '빨간 명찰'로 대변되는 해병대 제복이 그렇다. 그들은 해병대 제복 하나만으로도 자부심에 가득 차 있다. 어디 가든지 해병대끼리는 경례를 붙이고 기수를 물으며 서열을 굳건히 한다. 그 서열은 자신이 보호받고, 또 누군가를 보호해 주어야 하는 의무감이 숨겨져 있다. 그러기에 해병대들은 서열문화에 수긍하며 살아간다. 그것이 스스로 보호해주고 보호받을 수 있는 울타리인 셈이다.

대영제국 장교의 재킷은 붉은색이었다. 적에게 쉽게 노출되는 색깔이었지만 그들은 특권층을 상징하는 붉은 색을 포기할 수 없었다. 장교들 스스로가 특별한 계층의 사람이라는 자부심으로 가득 차면 사기 진작과 전투력에 더 도움을 줄 수 있다고 생각했기 때문이다. 그들의 예측대로 대영제국 장교들은 전장에서 비굴하게 행동하지 않았다. 장교로서의 명예와 품위를 지키며 장렬하게 죽음도 맞이했다. 그 재킷은 여러 가지 특권을 누리는 통로였고, 자신의 삶을 보호해 주는 울타리였기 때문이다. 그래서 붉은색을 낼 수 있는 비싼 염료를 수입하는데 돈을 아끼지 않았다.

그런데 공동체 이익을 위한 울타리 의미가 변질되어 사회적 문제로 대두되기도 했다. 몇몇 힘 있는 기업들은 문어발식으로 사업 영역을 확장해 자기들끼리 서로 도우며 이익을 나누어 갖는다. 기발한 아이디어나 기술로 돈을 버는 것이 보이면 조직과 돈의 힘으로 자신들의 울타리 안으로 흡수해 버린다. 돈이 되는 것이라면 시골 골목 상권까지 잠식해 나간다. 굳건한 울타리가 없는 사람들은 혼신의 힘을 기울여 쌓아놓은 것들이 하루아침에 물거품이 되는 아픔을 겪는다. 아무리 자본주의 사회라지만 피도 눈물도 정의도 공평도 없다. 오직 돈의 논리로 울타리를 칠뿐이니 말이다.

울타리 밖의 사람들을 보호하고 이끌어 주는 정책이 있지만 무용지물이다. 그 정책을 실천하는 과정에서 다양한 편법이 등장한다. 솜방망이 처벌은 악순환이 반복되도록 한다. 힘 있는 공동체 울타리에 힘깨나 쓰는 사람들이 거미줄처럼 얽혀 있는 것도 한몫한다. 달콤한 공생 관계에 길들여진 사람들은 약자들을 대변하는 것을 꺼린다. 한번만 눈 찔끔 감아버리면 울타리 안에서 주어진 보장된 삶을 이어갈 수 있기 때문이다.

어쩌다 용기를 내어 내부의 비리를 고발하는 사람이 있다. '영웅' 대접을 받아야 마땅하지만, 우리의 현실은 그렇지 못하다. 오히려 배신자 소리를 듣는다. 공동체가 스스로 정화하는 계기로 삼으면 좋겠지만 그렇지 못하다. 오히려 굳건하게 쳐진 울타리의 연결고리를 활용해 내부 고발자를 옥죄이고 설 수 없도록 만들어

버린다. 그러니 쉽게 내부의 비리를 발설하지 못하고 울며 겨자
먹기로 질서에 순응하며 살아간다.

보편적인 가치대로 신념을 지키며 살아가야 하는 사람에게 울
타리 안의 삶은 어쩌면 고욕일 수 있다. 정의와 양심, 공평과 인애
仁愛와 같은 가치를 온전히 지키며 살아갈 수 없는 현실이기에 그
렇다. 그렇다고 울타리 밖으로 쉽게 뛰쳐나갈 수도 없다. 어느 것
도 자신을 보호해 줄 수 없는 야생에서 삶을 영유해 나가는 것에
자신이 없기 때문이다.

그래서 사람들은 자기 신념을 억누르고 울타리의 보호 속에서
'배부른 돼지'의 삶을 살 것인지, 고유한 신념을 지키며 '배고픈
소크라테스'의 삶을 살 것인지 고민하며 괴로워한다. 어떤 삶을
선택하든 자유이지만 그에 따른 삶의 결과는 온전히 자신의 몫
이다. 인생의 소중한 의미를 발견하고 느끼는 것도 갈림길에서의
선택으로 달라질 수 있다.

자기 삶을 살아가려고 준비하는 입장에서 울타리의 존재는 양
날의 검과 같다. 자신이 처한 환경과 부모의 울타리 안에 있으면
안전하게 보호받으며 살 수 있다. 때로는 간섭을 받아 답답하고
성가실 수 있지만, 보호 안에서 누리는 혜택은 달콤하다. 그렇다
고 언제까지나 울타리 안에서 보호받으며 살 수는 없다. 자아가
생기고 삶의 가치관이 형성될수록 우리의 시선은 울타리 밖으로

향하기 때문이다.

또한 언젠가는 울타리를 벗어나 자신의 삶을 살아내야 하는 게 우리의 숙명이다. 독립된 주체로 스스로 일어서려면 울타리를 뛰쳐나가야 가능해진다. 그 시기가 언제인가에 따라 우리 삶의 많은 부분이 달라진다.

내가 지금 속해 있는 울타리는 어떤 곳인가? 나는 거기서 어떤 존재로 살아가는가? 현재 처한 위치와 상황을 볼 수 있어야 울타리 속에서 존재해야 할지, 울타리를 벗어나 자기 길을 걸어가야 할지 답을 낼 수 있다. 어떤 선택도 정답이라 확언하기는 힘들다. 하지만 내가 선택한 그 길이 답이 되도록 살아갈 수는 있다.

'나는 지금 어떤 선택을 해야 하는가?'

제3장

잘 되는 나로 살기 위해
다듬을 것들

삶을 파멸에 이르게 하는 것은
아주 작은 것에서부터 시작된다.

01

판도라

유혹에 현혹되지 마라

판도라Pandora는 우리가 흔히 알고 있는 '판도라의 상자' 이야기의 주인공이다. 그리스 로마 신화에 등장한 최초의 여인이 판도라다.

이 여인으로 인류는 재앙이 시작되었다고 신화는 말한다. 그런데 판도라의 이름의 뜻을 보면 언뜻 이해가 되지 않는다.

그리스어 '판도라'는 'Pan(모든)'과 'Dora(선물)'가 합쳐져 '모든 것을 선물 받은 자'라는 이름 뜻이다. 판도라는 '신들의 왕'인 제우스가 준 온갖 선물을 갖고 왔음에도 왜 재앙의 근원이 되었을까?

제우스는 인간들을 지속적으로 지배하고 싶었다. 그런데 삶을 터득해나가는 인간들의 속도가 매우 빨랐다. 잘못하다가는 자신들의 권력이 약화될 것 같은 불안을 느꼈다. 특히 불을 다루는 기술이 인간에게 전수되는 것을 조심했다. 이때 제우스와 모종의 권력 다툼을 벌이고 있던 프로메테우스는 불을 훔쳐 인간에게 준다. 불씨를 얻은 인간은 대장간을 만들어 각종 도구를 만들어 문명을 이루며 살게 되었다.

화가 난 제우스는 프로메테우스를 카오스산 암벽에 묶어 버린다. 독수리에게 간을 파 먹히는 무서운 형벌을 내린 것이다.

인간의 힘이 점점 강해지는 것을 볼 수 없었던 제우스는 인간을 무너뜨릴 수 있는 특단의 조치가 필요했다. 제우스는 대장장이 신 헤파이스토스에게 여신의 몸을 가진 인간을 만들라고 명령한다. 그 인간이 바로 인류 최초의 여자 판도라였다. 제우스는 판도라를 지상으로 내려보내 인간을 파멸시키려고 한 것이다.

그렇게 해서 판도라는 남자의 마음을 불안하게 하고 아프게 하는 힘과 권모술수와 거짓말 기술 등이 담긴 상자를 받아들고 지상으로 내려온다. 한마디로 판도라는 인간을 파멸시키려는 제우스의 미끼였다.

그러나 프로메테우스는 제우스가 어떻게 나올지 예측했다. '먼저 생각하는 사람'의 이름의 뜻대로 제우스의 의도를 간파한 것이다. 그래서 동생 에피메테우스에게 "제우스가 어떤 선물을 준다 해도 받지 말라"고 신신당부한다.

하지만 에피메테우스는 형의 간곡한 부탁을 잊어버리고 제우스의 미끼를 덜컥 물어버리고 만다. 판도라의 미모에 반해 청혼을 한 것이다. '나중에 생각하는 사람'이란 이름의 뜻대로 에피메테우스는 생각도 않고 행동으로 옮겨 버린다. 그리고 자신의 선택이 어떤 결과를 초래할지 생각하지 못한 결과는 참혹했다.

판도라는 결혼 생활을 이어가다 제우스가 준 선물 상자가 생각났다. 호기심을 견딜 수 없었던 판도라는 제우스의 의도대로 상자의 뚜껑을 열고 만다. 그 순간 상자 속에 있던 미움, 질투, 분노, 질병, 모순, 공포 등 인간을 괴롭히는 것들이 나온다. 깜짝 놀란 판도라가 상자를 닫았지만 이미 늦었다. 모든 악한 것들이 다 나간 후였기 때문이다. 다행인 것은 희망만은 남아 있었다는 것이다. 제우스가 계획한 사건은 이렇게 종결되었다. 인간이 제우스가 던져 놓은 미끼를 물고 재앙으로 얼룩진 것으로 말이다.

삶을 파멸에 이르게 하는 것은 아주 작은 것에서부터 시작된다. 특히 사기를 당하거나 인생의 쓴잔을 마시는 사람의 특징은 미끼를 덜컥 물어버린 데서 비롯된다. 미끼는 누군가가 자신의 의도를 관철하기 위해 만들어놓은 함정이다. 미끼로 상대를 함정에 빠뜨리려는 사람은 상대의 욕구를 잘 파악한다.

낚시를 할 때 낚으려는 어종에 따라 미끼가 달라진 것처럼 말이다. 낚시 가게에서 가짜 미끼를 살펴보면 그 종이 어마어마하다. 바다와 민물, 각 어종의 특성에 따라 미끼가 다르다. 이처럼 미끼로 상대를 유인하는 사람은 상대가 무엇에 관심이 있는지에 따라 그것을 미끼로 쓴다. 돈에 욕망이 있는 사람은 돈에, 권력에 욕망이 있는 사람은 권력과 관련된 미끼에 반응한다. 미끼는 나에게 대단한 유익을 줄 선물처럼 보이지만 사실은 나를 파멸시키는 도구에 불과하다.

미끼에 반응하지 않는 삶을 살려면 어떻게 해야 할까? 먼저 '세상에 공짜는 없다'는 것을 인식하는 것이 중요하다. 땀 흘린 만큼, 자신이 노력을 기울인 것만큼의 결과물이 자신의 것이다. 기울인 노력보다 많은 결과물을 얻으려고 하면 미끼에 반응하게 되어 있다. 미끼는 땀과 노력을 기울이지 않고 많은 것을 얻을 수 있다고 현혹하는 것이기 때문이다.

또 한 가지는 프로메테우스와 에피메테우스의 이름의 뜻에 힌트가 있다. 어떤 일이 벌어졌을 때 그것에 반응하는 태도가 중요하다는 말이다. 먼저 생각하며 살아갈 것인지, 나중에 생각하며 살아갈 것인지에 따라 달라진다는 의미다.

자신이 살아갈 삶에 대해 항상 '먼저 생각하는 사람'이 되도록 힘써야 한다. 그렇지 않으면 정말 중요한 것이 무엇인지 알 수 없다. 미끼를 분별할 수 없게 된다는 것이다.

판도라의 미모에 현혹되지 않고 본질을 볼 수 있는 지혜가 우리에게 필요하다.

미끼는 항상 보암직도 하고, 먹음직도 하고, 그럴듯하니까.

선입견과 고정관념으로 단정하는 것이 아닌
'열린 마음'으로 상반되는 것을 바라볼 수 있어야 한다.

02

선입관

열린 마음으로 무장하라

●　　　　　　　　어떤 사람이나 사물 또는 주의나 주장에 대해 선입관을 가지고 있으면 폭넓은 인식과 사고를 할 수 없다. 인간관계뿐만 아니라 모든 면에서 닫힌 사고로 살아가게 된다. 새로운 것을 발견하는 시각도 가지기 힘들다.

생택쥐페리Antoine, de Saint-Exupery의 《어린 왕자》에는 선입관을 이해하는 좋은 장면이 나온다. 주인공은 '코끼리를 삼킨 보아뱀' 그림을 그린다. 그리고 어른들에게 보여 주며 무서우냐고 묻는다. 보아뱀이 커다란 코끼리를 삼킨 모습을 보면 어른들도 분명 무서워할 줄 알았다. 하지만 어른들은 하나도 무서워하지 않는다. 보아뱀이 잡아먹은 코끼리를 보지 못한 채 겉으로 보이는 모습만 보고 모자로 판단했기 때문이다. 어른들의 굳어진 선입관이 내면까지 꿰뚫어 보지 못한 것이다.

선입관은 인지 심리학의 '확증 편향Confirmation bias'과 비슷하다. 확증 편향은 자기가 보고 싶고 듣고 싶은 것만 듣는 태도를 말한다. 자신의 기존 신념과 일치하는 정보만 받아들이고 나머지 정보는 제거해 버린다. 주위에서 합리적인 근거와 과학적 증거를 가지고 설득해도 들으려 하지 않는다. 자신의 믿음을 강화해 주는 정보들만 걸러내 받아들일 뿐이다. 자신만의 고유한 선입관으로 무장해 살아가는 것이다.

이런 유형의 사람은 산업시대에는 뚝심으로 성공할 수 있었다.

하지만 정보화시대에는 독으로 작용한다. 새로운 것을 받아들이는 유연한 사고를 할 수 없기에 그렇다. 창의적인 사고는 선입관을 버려야 길러지기 때문이다.

심리학자들은 확증 편향에서 벗어나려면 '확인되지 않은 증거'를 찾아 나서야 한다고 조언한다. 새로운 것을 받아들이고 다양한 경험을 해보라는 것이다. 그리고 다른 사람의 의견에도 귀를 기울이라고 한다. 그런 활동이 유연한 사고를 이끌어 낼 수 있으며 편협한 생각에서 벗어날 수 있단다.

편협한 생각에서 벗어나는 이야기는 《장자》에서 많이 볼 수 있다. 장자는 공자나 맹자와 달리 이래라저래라 방법론을 제시하지 않는다. 수많은 이야기들을 통해 생각의 폭을 넓히도록 돕는다. 그러면서 독자 스스로 다양한 이야기를 바탕으로 판단하게 한다.

장자가 산속을 가다가 가지와 잎이 무성한 큰 나무를 보았다. 나무꾼이 그 옆에 있으면서도 나무를 베지 않는 것을 보고 그 까닭을 물으니 아무짝에도 쓸모없기 때문이라는 것이다.

대답을 들은 장자는 말했다.

"이 나무는 쓸모가 없어서 천수를 누리는구나."

산에서 내려온 장자가 옛 벗의 집을 찾아갔다. 옛 벗은 반가워하며 하인에게 거위를 잡아 요리하라고 일렀다.

하인이 물었다.

"한 마리는 꽥꽥 잘 울고, 다른 한 마리는 울지 못합니다. 어느 것을 잡을까요?"

주인이 대답했다.

"울지 못하는 것을 잡아라."

제자들이 장자에게 물었다.

"산속의 나무는 쓸모가 없어서 천수를 다할 수 있었고, 주인집의 거위는 쓸모가 없어서 죽었습니다. 선생님은 어느 쪽을 택하시렵니까?"

장자는 웃으며 말했다.

"나는 쓸모가 없고, 쓸모가 있는 것의 중간에 처신하겠다."

《장자》의 〈산목편山木篇〉에 나오는 이야기다. 나무의 입장에서는 쓸모가 있으면 베어져 죽게 될 것이다. 반면에 쓸모가 없으면 생명을 보존할 수 있다. 나무는 쓸모가 없어서 더 좋았다. 하지만 거위는 달랐다. 거위는 쓸모가 없어서 죽음을 맞이했다.

이 말의 요점은 쓸모가 없는 것을 일방적으로 좋게만 여길 수 없다는 것이다. 결국 쓸모 있음과 없음의 어느 한쪽에 얽매여서는 안 된다는 뜻이다. 선입견 없이 살라는 의미로 해석할 수 있다.

〈외물편外物篇〉에 나오는 이야기를 들으면 좀 더 이해가 쉽다.

혜자惠子가 장자에게 말했다.

"자네의 말은 다 쓸모가 없네."

장자가 물었다.

"쓸모없음을 알아야 쓸모 있음을 알게 되네. 땅의 크기는 한이 없지만, 실제 사람들에게 쓸모 있는 땅의 넓이는 밟는 발 크기에 불과하네. 그렇다고 발자국 크기만 남겨 놓고 발 옆에 있는 쓸모없는 땅을 황천에 이르도록 깎아내리면 밟는 땅이 여전히 쓸모가 있겠는가?"

장자는 '쓸모없는 것'과 '쓸모 있는 것'이 서로 공존하고 있다고 말한다. 사람들이 딛고 있는 두 발의 크기만큼의 땅만 두고 나머지 땅을 파버리면 한 발자국도 움직이지 못한다. 딛고 있는 땅이 쓸모가 있으려면 나머지 땅이 함께 있어야 가능하다. 쓸모없는 부분이 있기에 쓸모 있는 것이 필요하다는 것을 알 수 있다. 반대로 쓸모 있는 것이 있어야 쓸모없는 부분도 존재할 수 있다.

자신이 어떤 자리에 있든지 정말 쓸모가 있으려면 서로 상반되는 것이 얼마나 중요한지 알아야 한다. 선입견과 고정관념으로 단정하는 것이 아닌 '열린 마음'으로 상반되는 것을 바라볼 수 있어야 한다. 그런 사고로 무장해야 창의적인 사고로 무장할 수 있다.

창의성 전문가들은 자기 분야 외의 것들에서 좋은 아이디어가 생긴다고 조언한다. 이것은 확증 편향에서 벗어나는 방법과 비슷하다. 확증되지 않는 증거를 찾아 나서는 것 말이다. 창의적인 사고는 기존의 것을 낯선 것들과 연결 짓고 융합하는 데서 생긴다. 그러니 자신이 쓸모없다고 생각하는 것을 경험하고 접하는 것이 오히려 창의성을 기르는 데 도움이 된다는 것이다.

이분법적인 논리로 세상을 바라보면 극단적인 사고로 힘들어질 수 있다. 다양성도 수용하기 어렵다. 이런 정치와 경제는 화합도 성장도 힘들다. 자신이 믿고 있는 것 외에는 어리석고 모자란다고 깎아내릴 수 있기 때문이다.

이제 선입관을 깨고 확인되지 않은 증거를 향해 나아가 보자. 쓸모없음과 있음의 경계도 허물자. 한쪽만 바라보는 외눈박이 삶에서 벗어나야 한다.

내가 지금 중요하게 생각하고 있는 가치와 일은 무엇인가? 생각을 달리하고 바라보는 각도를 새롭게 하면 뜻밖의 다양한 시각과 세상이 존재한다는 사실을 알 수 있다. 꼭 내가 주장하는 것이 맞지 않는다는 것도 깨달을 수 있다. 선입관으로 굳어져 편협한 생각으로 살아왔다는 것도 느낄 수 있다. 지금은 선입관을 깨고 다듬는 노력이 필요한 시대다.

말솜씨 기술을 습득하기 전에
먼저 성숙한 성품과 가치관을 품어야 한다.

03

말솜씨

말(言)을 다스려라

●   어제보다 더 나은 삶으로 성장하기 위해 다듬어야 할 것들이 많다. 그중에서 가장 많이 신경 쓰고 다듬어야 할 것 하나를 꼽으라면 당연히 '말솜씨'라 하겠다. 말은 의사소통의 기본이다. 신입사원들에게 요구되는 것 중 가장 영향력 있는 것이 의사소통 능력이라고 한다. 자신이 가진 생각을 설득력 있게 표현해내는 능력이 있어야 한단다.

이는 의사소통 능력이 뛰어난 사람이 드물다는 이야기로 해석할 수 있다. 그만큼 자기 생각을 설득력 있고 조리 있게 표현하는 일은 어렵다. 그래서 사람들은 유명인사들의 스피치 기술을 배우려고 안달이다.

인문학의 시작이 된 '인간다움'을 이야기한 키케로Marcus Tullius Cicero는 말솜씨로 일취월장한 인물이다. 돈도 든든한 배경도 없었지만, 키케로는 탁월한 언변으로 로마시대 최고 관직인 집정관까지 오른다. 이렇게 이야기하면 키케로가 현란한 언변만으로 치열한 정치현장에서 살아남았을 것이라고 생각할 것이다. 대부분의 사람들도 말솜씨 하면 현란한 언변술을 떠올린다. 온갖 미사여구를 활용해 상대의 혼을 쏙 빼놓을만한 말솜씨 말이다.

하지만 키케로의 삶을 살펴보면 말솜씨는 현란하기만 해서는 안 된다는 것을 알게 한다. 키케로는 단순히 말만 잘하지 않았다. 말 속에 도덕적인 삶, 즉 인간답게 살아가야 하는 당위성을 담아냈다.

안토니 에버릿Anthony Everitt의《로마의 전설 키케로》에서 웅변술에 대해 한 이야기를 보면 알 수 있다.

"말한다는 것은 동의를 얻고, 만족을 주며, 감동하게 하기 위함이다. 동의를 얻는 것은 필요성에서 말함이며, 만족을 주는 것은 즐거움(기쁨)에서 말함이며, 그리고 감동하게 하는 것은 승리를 위한 말함이다."

키케로는 말하는 목적을 상대방의 동의를 이끌어내는 것은 물론 기쁨과 감동도 주어야 한다고 말한다. 말로 상대가 선한 삶을 살 수 있는 계기를 마련해줘야 한단다. 그러기 위해 올바른 인격의 토대 위에 다양한 지식을 쌓아야 한다고 강조한다. 그런 사상이 '후마니타스Humanitas'를 낳았다. 그리고 그것이 밑바탕이 되어 피렌체 출신의 학자 페트라르카Francesco Petrarca까지 이어지며 '스튜디아 후마니타스Studia Humanitatis', 즉 '인간에 대한 학문'이 탄생했다.

말을 많이 하면 언젠가는 탈이 나게 되어 있다. 프랑스의 '태양왕' 루이 14세의 삶을 보면 이해가 간다. 그는 9살에 왕이 되었는데 천성적으로 말하기를 좋아했다. 주변에 코미디 작가들을 모아

놓고 농담을 주고받는 것을 취미로 여길 정도였다. 일상생활에서만 농담을 주고받았으면 좋으련만 루이 14세는 신하들과 함께 하는 자리에서도 웃고 떠들기 일쑤였다. 그러자 신하들은 왕의 말을 귀담아듣지 않았다. 그리고 왕의 성향까지 쉽게 파악했다. 어떤 신하는 어린아이 취급을 하며 왕의 명령을 무시하기도 했다. 보다 못한 어머니는 수렴청정垂簾聽政을 하게 된다. 왕이 대신들에게 우습게 보인다는 것이 이유였다.

루이 14세는 자신이 말을 가리지 않아 문제가 생긴 것을 깨닫고 말을 줄이기 시작했다. 신하들이 회의를 하면 말없이 얼굴을 뚫어지게 바라보기만 했다. 그러자 신하들은 왕이 자기 생각을 꿰뚫고 있다고 생각하고 자신들의 잘못을 스스로 발설했다고 한다.

말은 겉으로 보면 단순히 입에서 나온 언어에 불과하다고 할 수 있다. 하지만 말은 사람의 내면에 집약된 것들의 총체다. 한 사람의 성품과 인격뿐만 아니라 가치관들이 입으로 나오는 것이다. 어떤 것이 내면에 담겨 있느냐에 따라서 말에 차이가 난다. 그래서 사람을 알아보려면 그 사람이 쓰는 언어를 살피라고 한다. 사용하는 언어를 보면 그 사람의 인격과 가치관을 알아볼 수 있기 때문이다.

《논어》는 우리에게 가치 있는 삶을 살도록 이끌어 주는 최고의 지침서다. 그런데 《논어》의 마지막 문장은 바로 말과 관련이 있다.

《논어》〈요왈편堯曰篇〉의 마지막 글귀다.

"천명天命을 알지 못하면 군자君子가 될 수 없고, 예禮를 알지 못하면 세상에 당당히 나설 수 없으며, 말言을 알지 못하면 사람의 진면목을 알 수 없다."

공자의 사상을 마무리하는 이야기가 곧 말을 살필 수 있는 능력에 대한 것이다. 공자는 그 능력이 현명한 군주와 인재를 구별할 수 있다고 본 것이다. 그리고 군자로서 살아갈 수 있는 근본임을 결론적으로 말한다.

또한 말은 내면의 것이 밖으로 나오기도 하지만 반대로 말에 의해 내면이 영향을 받기도 한다. 듣는 대로 사람이 변화된다고 하지 않는가.

사랑의 말과 욕설과 저주를 퍼부었을 때 물의 변화를 보면 알수 있다. 사랑의 말을 들은 물은 최고의 결정체 육각수가 되고, 욕설과 저주를 들은 물은 결정이 깨져 있었다.

《동물 농장》으로 유명한 영국의 작가 조지 오웰도 같은 의미의 말을 전한다.

"생각이 언어를 타락시키지만, 언어도 생각을 타락시킨다."

내뱉는 말이 생각을 타락시킬 수 있단다. 듣는 대로 생각이 정립되고 가치관이 형성되기 때문에 '듣는 것'을 점검하고 다스려야 한다. 그렇지 않으면 자신도 모르는 사이에 내면을 파괴해갈지도 모르니 말이다.

유대인의 지혜서《탈무드》에도 말과 관련된 이야기가 나온다.

"어느 날, 어떤 왕이 광대 두 명을 불렀다. 한 사람에게는 이 세상에서 '가장 악한 것'을 찾아오라고 명령한다. 그리고 다른 광대에게는 이 세상에서 '가장 선한 것'을 찾아오라고 했다. 두 광대는 각자에게 주어진 임무를 완수하기 위해 세상 곳곳을 누볐다. 얼마간의 시간이 흐른 후 두 광대는 다시 왕 앞에 섰다. 왕은 두 광대에게 찾아온 답을 말해보라고 했다. 그러자 공교롭게도 두 광대는 모두 '혀'라고 대답했다."

《명심보감明心寶鑑》에 나오는 말이다.

"입과 혀는 재앙과 근심의 문이고, 몸을 망치는 도끼이다."

무심코 던진 말로 상처를 주고 무책임한 말을 일삼는 사람에게 던지는 무서운 경고다. 말은 잘하면 약이 되지만 그렇지 않으면 세상에서 가장 무서운 독이고, 무기가 되고 만다.

촌철살인(寸鐵殺人, 한 치의 쇠붙이로도 사람을 죽일 수 있다는 뜻)이든, 언중유골(言中有骨, 말 속에 뼈가 있다는 뜻)의 유형으로 말을 하던지 가장 중요한 것은 '살리는 말'을 해야 한다. 현란한 언어로 설득력이 있어도 누군가를 아프게 하거나 상처를 주는 말은 아니 하는 것만 못하다. 설령 그런 말로 자신의 이익을 취하고 성공을 얻는다 해도 죽이는 말은 삼가야 한다. 말솜씨가 조금은 어눌하더라도 누군가를 살리고 위로를 주는 말이어야 한다. 생명보다 더 소중한 것은 없으니 말이다.

샴쌍둥이 분리수술로 유명한 벤 카슨Ben Carson 박사는 '신의 손'이라 불릴 정도로 섬세하고 뛰어난 의술로 많은 생명을 살렸다. 미국인이 존경하는 인물 6위에 오를 정도로 그의 성품과 의술은 많은 사람들에게 인정받았다. 하지만 그의 어린 시절은 불량소년 그 자체였다.

디트로이트 빈민가에서 태어난 그는 8살에 부모님이 이혼했다. 그는 어머니와 살며 불량한 학생들과 어울렸다. 온갖 말썽이라는 말썽은 다 부리며 다녔다. 공부도 못했다. '멍청이'라는 별명을 들을 정도였다. 초등학교 5학년까지 구구단도 암기하지 못했으니 말이다. 수학시험에서 빵점을 맞은 적도 있었다. 이런 말썽꾸러기 벤 카슨이 어두운 어린 시절을 극복하고 세계적인 의사로 거듭날 수 있었던 것은 모두 어머니의 말 덕분이었다.

어느 날 벤 카슨에게 기자가 물었다.

"오늘의 당신을 만들어 준 것은 무엇입니까?"

"나의 어머니, 쇼냐 카슨 덕분입니다. 어머니는 내가 늘 꼴찌를 하고, 흑인이라며 따돌림을 당할 때도 '벤, 넌 마음만 먹으면 무엇이든 할 수 있어! 노력만 하면 할 수 있어!'라는 말을 끊임없이 들려주면서 내게 격려와 용기를 주었습니다."

벤 카슨은 어머니가 "넌 노력만 하면 무엇이든 할 수 있어"라는 말에 용기를 얻어 공부에 집중하기 시작했다. 그러자 서서히 성적이 올랐다. 결국 명문 미시간 의대에 합격하여 '신의 손'을 가진 의사가 되었다. 눈에 보이는 현상을 보고 비난을 일삼는 것이 아니라 할 수 있다는 용기와 자신감을 불러일으킨 말이 불량소년을 변화시킬 수 있었다.

말은 곧 삶이다. 삶에서 우려져 나온 것들이 말로 표현된다. 진실한 삶에서 뿜어져 나온 말은 말솜씨와 상관없이 힘이 있다. 삶에서 이미 영향을 끼쳤기 때문이다. 그러므로 말솜씨 기술을 습득하기 전에 먼저 성숙한 성품과 가치관을 품어야 한다. 그 바탕 아래 진실한 삶을 살아내야 한다. 그러면 화려한 말기술과 미사여구 없이도 성공적인 삶을 살 수 있다.

왜곡된 감정의 영향으로 내린 선택은
주체적인 삶을 살 수 없게 만들기 마련이다.

.

04

감정선

감정을 다듬어라

우리는 상황에 따라 일어나는 감정의 변화를 다듬는 것이 필요하다. 행복은 감정을 통해서 느낄 수 있기 때문이다. 화려한 조명과 인기를 한 몸에 받고 있어도 스스로 좋은 감정을 느끼지 못하면 만족한 삶을 살 수 없다. 비록 누가 알아주지 않고 가진 것이 없을지라도 만족스러운 감정을 품고 있다면 행복하다고 할 수 있다.

균형 잡힌 삶은 이성과 감정의 조화에서 이루어진다. 그런데도 우리는 감정을 억누르며 살아왔다. 감정선을 자유롭게 표현하는 것을 탐탁지 않게 여기는 문화에 살아왔기에 그렇다.

가부장제 시대에 남자들은 자신의 감정을 있는 그대로 표현하지 못했다. 감정에 복받쳐 눈물이라도 흘리는 날엔 "어디 남자가 눈물을 흘리냐!"라고 불호령이 떨어졌다. 그러면서 남자는 평생 세 번만 울어야 한다고 배웠다. 마음대로 눈물조차 흘릴 수 없었으니 다른 감정의 표현도 서툴기는 매한가지가 되었다.

유교적인 가치에서 살아온 것도 한몫했다. 체면을 중요시하는 문화는 감정을 자유롭게 표현하지 못 하게 했다. 슬프거나 기쁜 일이 있어도 한결같은 자세를 유지해야 했다. 감정을 자유롭게 표현하는 것은 아랫것들이나 하는 행동으로 치부했다.

여자들도 다르지 않다. 폐쇄적인 구조에 살다 보니 속에 있는 감정을 마음대로 표현하지 못했다. 삼종지도(三從之道, 어려서는 아버지를 따르고, 시집을 가면 남편을 따르며 남편이 죽으면 자식을 따르라는 뜻)라 하여 스스로 판단하며 살기보다 남자들의 결정에 따라 살아야 했으니 감정 표현을 제대로 했을 리 만무하다.

그래서 감정선을 다스리고 회복하는 일이 우선되어야 한다. 억압적인 구조에서 벗어나 자기감정을 자유롭게 표현할 수 있어야 한다. 왜곡된 감정의 영향으로 내린 선택은 주체적인 삶을 살 수 없게 만들기 때문이다.

인문정신으로 인기가도를 달리는 철학자 강신주는 감정을 살려내야 한다고 강조한다. 그는 자신의 주장을 《강신주의 감정수업》에서 이렇게 말한다.

"감정을 죽이는 것, 혹은 감정을 누르는 것은 불행일 수밖에 없다. 살아 있으면서 죽은 척하는 것이 어떻게 행복이겠는가. 그러니 다시 감정을 살려내야 한다. 이것은 삶의 본능이자 삶의 의무이기 때문이다. (중략) 우리 시대의 삶은 과거보다 더 팍팍해졌다. 그만큼 우리에게서 행복은 멀어질 수밖에 없다. 삶의 조건이 악화된 만큼, 우리는 자신의 감정을 억압하기 쉬우니까. 그렇지만 행복하게 산다는 것, 그것은 감정의 자연스럽고 자유스러운 분출이 가능하냐의 여부에 달린 것 아닌가."

감정은 행복한 삶을 사는 것뿐만 아니라 건강에도 지대한 영향을 끼친다. 대한민국에서 사망률 1위는 암이다. 암을 일으키는 주된 요인은 스트레스다. 스트레스는 적응하기 어려운 환경이나 조건에 처할 때 느끼는 심리적 압박감이나 긴장 상태를 말한다. 불안을 느끼고 마음에 부담을 가져 생기는 감정이다. 우리는 불안을 느끼면 초조해한다. 불안하고 초조해하면 신경성 긴장 상태가 이어진다. 이런 감정을 제대로 다스리지 못하면 몸에 나쁜 영향을 주고 암세포까지 생기게 한다.

자살한 사람들의 삶을 살펴보면 역시 감정의 문제다. 우울하고 무기력한 삶에서 벗어날 방법을 찾지 못하니 스스로 삶을 끝맺는 것이다. 감정이 무너지면 건강도 생명도 함께 무너지는 것이다.

대한민국을 아프게 하는 감정이 여러 가지가 있지만 그중 단연 일등은 시기와 질투이다. 남이 잘되는 꼴을 못 보는 감정은 스트레스의 주원인이 되기도 한다. 오죽하면 '사촌이 땅을 사면 배가 아프다'는 속담까지 만들었겠는가.

프랑스의 철학자 질 리포베츠키Gilles Lipovetsky가 전하는 질투의 정의를 들어보자.

"다른 사람의 불행을 보고 느끼는 건강하지 못한 기쁨, 그리고 상대가 유리한 조건을 빼앗기는 것을 보고 싶은 바람이다."

남이 잘 못되기를 바라는 감정이란다. 절로 고개가 끄덕여졌다. 그런데 시기와 질투로 살면 모든 불이익은 자신의 몫이다. 항상 자신의 부족함을 보게 되고 비교하는 감정에 빠지기에 그렇다. 그러다 보면 긍정적인 것보다 부정적인 것에 더 쉽게 반응하고 만다. 그러니 사촌이 땅을 사면 축하를 해 줘야 한다. 가족이 잘살아서 손해 볼 것은 없지 않은가. 여러 사람이 잘살아야 경제도 살아날 수 있지 않겠는가.

분노의 감정도 다스려야 한다. 가히 '분노 공화국'이라 불릴 정도로 순간의 감정을 참지 못한다. 자동차 운전 중에는 절정을 치닫는다. 누가 내 앞에 끼어들기라도 하면 경적을 울려댄다. 심하면 보복운전까지 일삼는다. 순간의 분노로 생명을 위협하고 앗아가기까지 한다. 분노의 감정에 휩싸이면 자신의 잘못보다는 상대의 잘못에 초점을 맞춘다. 불공정하고 피해만 보았다는 피해의식에 사로잡히기 때문이다.

이런 감정에 지속적으로 노출이 되면 자신이 왜 피해를 보았는지에 대한 정보만 입력된다. 상황을 있는 그대로 보지 못하고 왜곡하게 된다. 결국에는 분을 삭이지 못하고 상대에게 분풀이까지 하고 만다. 서로 손해가 될 뿐이니 분노는 꼭 다스려야 할 감정임이 틀림없다.

아산병원 정신건강의학과 교수인 김병수는《버텨낼 권리》에서 감정에 대해 이렇게 말한다.

"감정은 신호입니다. 불안은 자신이 위험하다는 것을 알려주는 마음의 신호이고 우울은 뭔가를 잃어버렸거나 잃어버릴 것 같다는 상실감을 알려주는 신호죠. 분노는 나의 정체성이 훼손되었다는 것을 알려주는 것이고요."

그러면서 분노가 꼭 나쁜 것만은 아니라고 말한다. 분노가 일어나는 상황이라면 어쩌면 삶을 유익한 쪽으로 바꾸어야 할 신호일 수도 있다고 한다. 즉 "화가 자주 나도 조절하기 어렵다면 살아가는 방식을 바꾸라는 메시지를 뇌에서 보내고 있는 겁니다"라며 분노를 효과적으로 사용하라고 말한다. 분노를 삶을 바꾸는 선한 통로로 활용하란다.

이 외에도 수많은 감정이 우리 삶을 옥죄이며 힘들게 한다. 그러니 자신에게 일어나는 감정선을 살펴 선한 향방으로 이끌어 가야 한다. 그렇지 않으면 혼신의 힘을 기울여 쌓아놓은 삶의 결과가 하루아침에 물거품이 될 수도 있다. 행복한 삶도, 사랑하며 살아가는 삶도, 살아가기 힘들다.

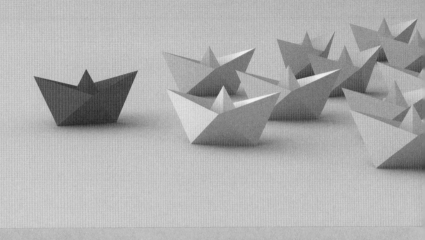

목적지를 향해 누군가를 이끄는 리더의 의미는
말뜻대로 다수의 운명을 책임져야 하는 무거운 자리이다.

05

리더십

신에게는 아직 열두 척의 배가 있습니다

●　　　　　　　　　　역대 한국영화 흥행 순위 1위는 〈명량〉
이다. 이순신 장군이 12척의 배를 이끌고 330척의 왜군 대함대를
격퇴한 장면을 그린 영화다. 과연 어떤 면이 관객을 사로잡았기
에 흥행 1위의 성적표를 받을 수 있었을까? 영화가 흥행하기까지
여러 시각이 있지만 '진정한 리더'를 갈망하는 국민들의 열망에
서 비롯되었다고 생각한다.

〈명량〉이 개봉된 시점은 세월호가 침몰한 후 3개월 후이다. 장
소도 묘하게 일치한다. 끝까지 배를 지켜야 하는 선장은 생떼 같
은 아이들을 버려두고 배를 떠났다. 배를 진두지휘할 선장이 없
으니 배 안의 승객은 아무런 영문도 모른 채 배와 함께 가라앉고
말았다. 소중한 생명을 구할 수 있는 시간이 있었음에도 직접 앞
장서서 지휘하는 리더는 보이지 않았다. 리더의 부재가 배와 아
까운 생명을 침몰하게 만든 것이다.

가슴 아픈 현실에 넋을 잃고 있을 때 "신에게는 아직 12척의
배가 남아 있사옵니다"라고 외치며 온 몸을 던진 이순신의 이야
기가 스크린에 등장했다. 위기의 나라를 구하기 위해 330척 앞에
홀연히 선 이순신. 자기를 지키겠다고 질투와 시기심으로 본질을
왜곡하고 있는 선조. 관객은 두 리더의 모습에서 세월호가 함께
오버랩 되었으리라 생각된다. 분명 영화를 통해서라도 위기에 처
한 백성을 구하는 리더를 보고 싶어 영화관으로 발걸음을 옮기게

한 것이리라.

　리더는 자신이 이끄는 조직과 단체를 책임져야 한다. 단어의 어원을 살피면 이해가 간다. 영어의 '리더Leader'는 '길', '통로', '여행하다'라는 의미의 '리드Lead'를 어원으로 한다. 한마디로 '길잡이'인 것이다. 목적지를 향해 누군가를 이끄는 리더의 의미는 말뜻대로 다수의 운명을 책임져야 하는 무거운 자리이다. 길을 이끄는 길잡이 역할은 내비게이션이 발달한 지금은 어렵지 않게 감당할 수 있다.

　하지만 옛날에는 쉽지 않은 일이었다. 특히 목축으로 생계를 이어가는 유목민에게 있어서 길잡이는 삶을 좌우했다. 지도와 나침반조차 없을 때 가축과 유목민을 푸른 초원으로 이끌고 다닌 것을 생각해보라. 드넓은 대지에서 물이 있고 풀이 무성한 곳을 지속적으로 찾아내야 하는 것은 보통 지식과 능력으로는 감당해낼 수 없다. 자칫하면 가축들이 길을 잃고, 사나운 야생동물의 먹잇감이 될 수도 있다.

　새로운 길을 찾아 나서야 할 때가 되면 길잡이 역할은 더욱 중요해진다. 무리의 생사가 달려 있기 때문이다. 그래서 길잡이에게는 많은 권한이 부여되었다. 길잡이 역할에 방해하는 사람을 처벌할 수 있었고 무리를 안전하게 이끄는데 필요한 것들을 자유롭게 활용할 수 있었다. 이런 의미로 길잡이는 지도자의 뜻을 내포하게 된 것이다.

위기가 닥치면 사람들은 리더를 찾는다. 그런데 이런 대중의 심리를 이용해 자신의 위치를 공고하게 다지려는 사악한 리더가 있다. 일부러 불안 심리를 만들어내고 언론을 이용해 부채질한다. "누가 ~했다 카더라"라는 '카더라 뉴스'로 자신에게 유리하게 상황을 만들어간다. 긴장감을 극대화해 리더를 의지하도록 만드는 것이다. 치밀하게 계획된 쇼를 연출한 경우도 있다. 이런 사람은 리더가 될 자격이 없다.

그럼에도 어떤 이들은 이런 사악한 리더에 빌어 붙어 자기 이익을 챙기려고 한다. 일제강점기의 친일파들이 그렇다. 일본의 권력에 아첨하며 나라를 잃은 힘없는 국민들의 피를 빨아먹었다. 그들의 후손들은 그때 얻은 재산으로 지금까지 떵떵거리며 살고 있다. 그 후로도 아픈 역사는 여전히 반복되었다.

자신에게는 관대하고 다른 사람에게는 엄격한 리더도 있다. 내가 하면 로맨스요, 남이 하면 스캔들이라는 사고로 조직을 이끈다. 이런 리더는 영향력이 없다. 자신과 조직 모두에게 명확한 법을 적용한 사람만이 존경을 받고 영향력을 행사할 수 있다.

약육강식의 전국시대에 법과 원칙으로 나라를 다스려야 함을 이야기한《한비자韓非子》에 이런 이야기가 전해진다.

초나라 왕이 어느 날 긴급하게 태자를 불렀다. 초나라에는 수레를 타고 내전으로 통하는 문으로 들어갈 수 없다는 법이 있었다. 그런데도 태자는 비가 와 내전의 뜰이 흥건히 고여 있다는 핑계로 수레를 몰고 내전에 이르렀다. 내전의 문을 지키던 장수가 황급히 달려와 태자에게 말했다.

"내전에서는 수레를 몰 수 없는데 태자께서는 수레를 끌고 들어갔으니 법을 어기셨습니다."

그러자 태자가 말했다.

"왕이 긴급히 부르셔서 물이 없는 곳으로 돌아갈 시간이 없다."

그러고는 기어코 수레를 끌고 들어갔다. 그러자 문지기 장수는 무기를 뽑아 말을 찌르고 수레를 부쉈다. 화가 난 태자는 왕에게 사실을 말하고 문지기 장수를 벌해달라고 한다.

이에 왕은 이렇게 말한다.

"문지기 장수는 왕을 위해 법을 어기지 않았고, 태자에게 아첨하지 않았으니 그야말로 나의 참된 신하다. 법이 지켜지지 않으면 신하가 왕을 우습게 여기게 되고, 왕이 권위를 잃으면 나라가 위태로워진다. 그렇게 되면 장차 내가 무엇을 자손에게 물려줄 수 있겠느냐."

그러고는 문지기 장수를 2계급 특진시켜 주었다. 또 태자는 후문으로 보내고 다시는 법을 어기지 말도록 훈계했다.

초나라 왕은 자신의 권력을 남용하지 않았다. 잘잘못을 법의 잣대로 명확하게 적용했다. 설령 태자라도 그 원칙을 지키도록 했다. 법과 원칙을 지켜야 나라를 바로 세워갈 수 있다는 한비韓非의 주장이 명확하게 나타난 대목이다.

2차 세계대전에서 러시아를 승리로 이끈 스탈린Joseph Stalin도 초나라 왕만큼이나 법 적용이 엄격했다. 스탈린에게는 야코브라는 아들이 있었는데 자신의 권유로 입대해 중위가 되었다. 하지만 독일과 전투에서 안타깝게도 야코브는 적에게 포로로 잡히고 만다. 독일군은 러시아군의 사기를 떨어뜨리기 위해 스탈린의 아들이 목숨을 구하기 위해 스스로 포로가 되었다고 선전했다. 그리고는 러시아에 포로로 잡혀 있던 유능한 독일군 장군과 맞바꿀 것을 제안한다. 하지만 스탈린은 단호하게 거절한다. 장군과 일반 장교를 맞교환하는 법은 없다며 말이다.

결국 야코브는 죽음을 맞이하게 된다. 자기 아들을 살릴 수도 있었음에도 스탈린은 군법을 어기지 않았다. 스탈린은 전쟁 후 여러 악행을 저질렀지만, 러시아의 최고 지도자의 자리를 지켰다. 법을 제대로 지킨 것이 국민의 뇌리에 오래도록 자리하고 있어서였다.

이제는 고위공직자의 통과의 장인 인사청문회에서 비리로 얼굴을 붉히는 리더를 만나지 않았으면 한다. 자신의 권한을 악용해 자기 배만 불리는 리더는 사라졌으면 좋겠다. 대신 자신이 책임지고 있는 조직과 단체를 사랑하는 마음으로 섬겨 그들의 삶을 풍요롭고 행복하게 이끄는 리더가 많아졌으면 한다. 무엇보다 자신의 목숨이 위태로운 위험한 상황에서도 도망치지 않았으면 한다. 잘못한 점이 있으면 고개를 숙일 줄 알고 때로는 자신과 뜻이 맞지 않더라도 포용할 수 있는 아량도 품었으면 좋겠다.

"신에게는 아직 열두 척의 배가 있사옵니다"라고 외치며 앞장서서 위기를 헤쳐 나가는 진정한 리더를 많이 볼 수 있었으면 한다. 과거가 아닌 현실에서!

진실되고 정직한 삶.
이제는 말이 아니라 삶으로 보여줘야 할 때이다.

06

도덕성

말(言)이 아니라 삶으로 보여 주는 것

●   중국 춘추전국시대는 무한 경쟁의 시대였다. 잠시라도 한눈팔면 나라를 빼앗기고 삶의 터전을 잃어버리는 일이 다반사였다. 살아남기 위해서는 야합과 배신도 불사했다. 그런 무시무시한 삶의 현장에서 공자는 '사람답게 살아가야 한다'고 강조한다. 그리고 덕德의 사상으로 올바른 삶을 살도록 이끈다. 그의 사상은 제자들에 의해《논어論語》를 탄생토록 했다.

공자의 사상과 삶을 배우기 위해 수많은 제자들이 함께 했다. 험난한 세상에서 출세하고 삶을 영위할 수 있는 방법을 배우고 싶었던 것이다. 학문하는 사람들은 군주에게 인정받아야 살아갈 수 있었다. 하지만 공자는 누군가에게 인정받기 위한 공부를 경계하며 〈헌문편憲問篇〉에 이런 말을 남겼다.

"옛날에 공부하는 사람들은 자신의 수양을 위해서 했는데, 요즘 공부하는 사람들은 남에게 인정받기 위해서 한다."

남에게 인정받아야 출세하고 살아남을 수 있는 시대였지만 공자는 사람답게 살기 위한 공부를 해야 한다고 강조한다. 자칫 현실과 동떨어진 것 같은 이야기가 아마 제자들도 헷갈릴 수 있었으리라. 누군가에게 인정받지 않으면 출세할 수 없었으니 말이다.

제자 자장도 그런 고민이 있었던 것 같다. 그래서 공자에게 "어떻게 처세하면 세상에서 뜻을 펼칠 수 있는지" 묻는다.

공자는 〈위령공편衛靈公篇〉에서 이렇게 답한다.

"말이 진실 되고 미더우며 행동이 독실하고 공경스러우면, 비록 오랑캐의 나라에서라도 뜻을 펼칠 수 있다. 그러나 말이 진실 되고 미덥지 않으며 행실이 독실하고 공경스럽지 않으면, 비록 자기 마을에서인들 뜻을 펼칠 수 있겠는가? 서 있을 때는 그러한 덕목이 눈앞에 늘어서 있는 듯하고, 수레에 타고 있을 때는 그것들이 멍에에 기대어 있는 듯이 눈에 보인 다음에야 세상에 통할 것이다."

덕의 상태를 유지하는 길이 세상에서 뜻을 펼칠 수 있는 길이라 말한다. 이에 자장은 그 말을 허리띠에 적어 두고 삶의 표본으로 삼았다고 한다.

〈술이편述而篇〉에서는 공자 자신이 걱정하고 있는 것을 이렇게 말한다.

"덕을 닦지 않는 것, 배운 것을 익히지 않는 것, 올바름을 듣고도 행동으로 옮기지 않는 것, 선하지 못한 것을 고치지 않는 것, 이것이 내 걱정이다."

이 말을 들으면 공자가 평소에 어떤 마음으로 살아갔을지 상상이 된다. 그런 도덕적인 삶의 태도가 오늘까지 영향을 끼치고 있는 것이다.

공자뿐만 아니라 한 시대를 이끌었던 철학자나 사상가들은 모두 도덕적인 삶을 강조했다. 특히 아리스토텔레스Aristoteles는 행복한 삶을 살기 위해서는 윤리적인 행동이 필요함을 역설했다. 그런 삶의 가치를《니코마코스 윤리학》에 담아 아들에게 전해 주었다.

그는 책에서 도덕적인 덕을 실천하는 것이 무엇보다 중요하다고 말한다. 도덕적인 덕은 본성에 따라 생기는 것이 아니라 습관으로 형성되기 때문이란다. 자신의 노력으로 얼마든지 도덕적인 덕을 갖출 수 있다는 것이다.

아리스토텔레스가 말하는 도덕적인 덕은 용기, 절제, 관후함, 긍지, 온화함, 친절, 부끄러움을 아는 것들이었다. 이런 덕목이 습관이 될 때까지 실천해야 한단다. 이런 덕목을 갖춰 조화로움을 유지할 때 비로소 도덕적인 덕을 소유할 수 있다고 믿었다.

미국의 독립선언서를 기초한 벤저민 프랭클린Benjamin Franklin은 자서전의 부제를 '덕에 이르는 길'이라고 했다. 아들에게 자신의 삶을 전하려는 목적으로 쓴 글에서 도덕적으로 완벽해지려는 삶을 살았다고 이야기한다. 그의 도덕적인 삶을 미국인들도 사랑했나 보다. 가장 높은 화폐 100달러에 프랭클린의 얼굴을 넣었으니 말이다. 프랭클린의 도덕적인 삶은 자손뿐만 아니라 국민들에게까지 추앙받았다.

지금 우리 시대는 그 어느 때보다 도덕성을 강조하고 있다. 도덕성 없이는 대학과 기업, 나라의 미래가 보장되지 않는다는 위기의식 때문이다. 그래서 대학 입시와 회사 입사에서 사람을 뽑을 때 중요한 평가 요소는 도덕성이 되었다. 이제 도덕성은 개인뿐만 아니라 사회와 나라의 존폐와 연결되었다.

나라를 잃어버린 35년의 원인이 여러 가지가 있지만, 안창호는 도덕성의 파괴로 보았다. "거짓말이 내 나라를 죽인 원수"라고 이야기할 정도였다. 나라를 다시 일으키기 위해 설립한 흥사단興士團 면접에서는 도덕성이 입단의 척도가 되었다.

흥사단의 실제 면접 과정을 보면 이해가 간다.

안창호 : 거짓이란 무엇이오?

면접자 : 거짓말과 속이는 행실입니다.

안창호 : 거짓이 어찌하여 옳지 못한 것이오?

면접자 : 도道에 어그러지므로 그렇습니다.

안창호 : 거짓이 어찌해서 도에 어그러지오?

면접자 : 거짓이 도에 어그러지는 줄은 누구나 제 양심에 비춰 보면 알 것입니다.

안창호 : 그렇소. 누구나 제 양심에 물어보면 거짓이 옳지 않은 줄을 알지요. 그렇지마는 거짓이 있어서 안 될 이유는 무엇인가요?

면접자 : 거짓말을 하거나 남을 속이면 남이 나를 믿어주지 않습니다.

안창호 : 남이 갑군을 안 믿어주면 어찌해서 안 되오?

면접자 : 남이 나를 안 믿으면 아무것도 할 수 없습니다. 신용이 없이 무엇을 하겠습니까?

(중략)

안창호 : 그러면 우리나라를 '참된 나라'로 만드는 길은 무엇이오?

면접자 : 거짓을 버리는 것입니다.

안창호 : 거짓을 버린다면 실제로는 어떻게 한단 말이오?

면접자 : 거짓말을 뚝 끊고, 모든 거짓된 것을 일체 버리는 것입니다.

안창호 : 누가?

면접자 : 우리 민족이 모두…….

(중략)

안창호 : 갑군이 혼자서 오늘부터 거짓을 버리고 '참사람'이 된단 말씀이오?"

면접자 : 네. 그밖에 길이 없다고 생각합니다.

안창호 : 그것은 확실하겠소? 조금도 의심이 없소?

면접자 : 나 하나가 거짓을 버리고 참사람이 되기도 극히 어려운 일이지마는 그래도 내 말을 가장 잘 들을 사람은 나밖에는

없다고 생각합니다.

나라가 얼마나 거짓에 얼룩져 있었는지 상상이 간다. 안창호는 나라를 다시 찾으려면 '인격 혁명'이 필요함을 강조하며 교육에 힘썼다. 지금 우리 사회도 나라를 잃어버렸을 때와 비교하면 도덕성의 파괴가 심각한 수준에 이르렀다. 오죽하면 대학과 회사 면접에 도덕적인 삶의 태도를 척도로 삼겠는가.

그리스 신화를 힘입어 막대한 관광 자원으로 선진국이 된 그리스가 또다시 디폴트Default 위기를 겪고 있다. 나라가 위기에 처한 여러 가지 이유가 있겠지만, 전문가들은 '도덕성의 파괴'가 주원인이라고 말한다. 탈세와 부패가 가장 큰 문제였다는 것이다.

부자들은 세금을 적게 내기 위해 사업 등록지를 다른 나라로 옮기기 일쑤였다. 탈세를 하기 위해 뇌물도 서슴지 않았다. 월스트리트 저널은 작은 봉투를 뜻하는 '파켈라키Fakelaki'와 값비싼 정치 특혜를 뜻하는 '루스페티Rousefeti'가 금융위기를 자초한 원인이라고 했다. 인허가와 사업승인을 받으려면 파켈라키를 건네는 것이 관행이었다. 힘 있는 사람들끼리 특혜도 주고받았다. 이런 관행과 탈세가 그리스를 침몰시켰다.

그리스를 보고 있노라면 우리나라의 미래가 심히 걱정스럽다. 그리스 문제가 우리나라에도 만연하지 않다고 자신 있게 말할 수 없기 때문이다.

'진짜', '솔직히', '인간적으로', '까놓고 말해서'.

한국 사람들이 제일 많이 하는 말이라고 한다. 진실을 이야기해도 잘 믿어주지 않으니 '정말!'이라고 자신의 말을 더욱 강조하는 것이란다. 얼마나 믿어주지 않으면 '이런 말까지 해야 할까?'라는 의문이 든다. 아니면 자신이 하고 있는 거짓을 덮기 위한 말일 수도 있다.

진실되고 정직한 삶. 이제는 말이 아니라 삶으로 보여줘야 할 때이다.

수많은 나무가 모여야 숲이 되는 것처럼
독서량이 채워져야 '지식의 숲'을 이룰 수 있다.

07

독서법

방법이 좋으면 결과도 좋다

● 　　　　　　삶을 변화시키는데 가장 탁월한 도구
는 독서라는 사실은 누구나 동의할 것이다. 그런데도 독서 인구
는 해가 갈수록 줄어들고 있다. 제아무리 몸에 좋은 보약이 있다
고 해도 스스로 먹지 않으면 대책이 없다. 보약이라면 억지로라
도 먹여줄 수 있겠지만, 책은 억지로 떠먹여 줄 수도 없으니 안타
까울 뿐이다.

독서로 삶을 변화시키려면 효과적인 방법을 터득해야 한다. 무
턱대고 읽기만 하는 것은 무딘 도끼로 나무를 하는 것과 같다. 무
뎌진 도끼날로는 아무리 나무를 내리찍어도 소용없다. 도끼날을
예리하게 세워야 쉽게 나무를 벨 수 있다. 독서도 다르지 않다. 그
런데 많은 사람들이 무딘 도끼날로 독서를 하는 것 같다.

'국제성인문해능력조사International Adult Literacy Survey'를 보면 이
해가 간다.

지난 2014년 OECD에서 조사한 한국인의 문해력은 OECD 국
가 중 최하 수준이었다. 문맹률은 1.7퍼센트에 불과하지만 실질
문맹률은 75퍼센트에 달한다는 다소 충격적인 내용이다. 한마디
로 글자는 읽지만, 무슨 뜻인지 모르고 있다는 것이다. 표면적으
로 드러난 내용도 모르니 숨겨진 의미를 찾아낼 리 만무하다. 그
래서 더더욱 효과적인 독서법을 연마하고 터득해야 한다.

내 삶을 변화시키는 근원은 독서가 8할이라고 해도 과언이 아니다. 나에게 독서는 작가와 강사라는 직업을 갖게 해 주었다.

내가 독서를 통해 멋진 직업을 가질 수 있었던 것은 차별화된 독서방법 때문이라고 생각한다.

대학교 시절, 어쩔 수 없이 읽었던 책이 마중물이 되었다. '사사청소년문화원' 연구원으로 활동하면서부터는 질문하면서 읽는 것이 습관이 되었다. 독서 교재를 집필할 때 배운 질문법이 내용을 파악하고 의미까지 발견할 수 있도록 도왔다. 그때 배운 질문법을 바탕으로 나만의 질문법을 만들어 책을 읽을 때마다 적용했다.

질문법을 배우기 전에는 책을 들자마자 본문부터 읽기 시작했다. 하지만 이것은 어디로 가는지도 모른 채 도로를 주행하는 것과 같았다. 책도 미지의 세계에 대한 여행이다. 그런데도 아무런 준비 없이 여행을 떠난 것이다.

이후로 책을 읽을 때마다 여행을 가기 전에 준비한 것과 같은 자세로 대했다. 책 표지부터 저자의 삶, 목차, 머리말, 책의 그림도 살피면서 어떤 내용을 담고 있는지 탐색한 후에 본문을 읽기 시작했다. 어떤 책은 본문을 읽지 않고 훑어보는 것만으로도 내용을 어느 정도 파악할 수 있었다. 어떤 내용인지 미리 탐색하고 떠난 본문 여행은 묘미가 남달랐다.

나는 지금도 책을 읽고 나면 독서 교재를 만들 듯이 정리를 한다. 핵심적인 내용이 무엇인지 질문을 던지고 스스로 답을 적는다. 그리고 그 내용을 이해할 수 있는 심화적인 질문을 던지고 나름의 답을 적어본다. 그러다 보면 전체적인 내용이 질문지를 통해 훤히 드러난다.

여기에 그치지 않고 더 깊이 책의 심연으로 들어간다. 저자가 이 글을 통해 전하려는 메시지와 진짜 숨은 뜻이 무엇인지 분석적인 질문을 던져본다. 내가 저자라 생각하고 그 질문에 답을 적어간다. 그러면 저자가 책을 통해 전하려던 의도를 비교적 정확히 파악할 수 있게 된다. 부분적으로 깊이 탐구해보고 싶은 내용도 분석적인 질문을 던지고 답을 찾다 보면 그 의미를 이해하는 데 도움이 된다.

한 걸음 더 나아가 책이 전하는 메시지를 통해 내 삶에 적용할 만한 것은 무엇인지 또 질문을 던진다. 마음을 정리해야 할 부분은 글로 적는다. 직접 실천해야 할 부분이 있다면 메모를 해 놓고 힘들더라도 삶에 적용할 수 있도록 힘쓴다. 마지막으로는 책을 통해 느낌과 깨달음을 바탕삼아 글쓰기로 마무리한다. 감상문이나 서평, 시든 형식에 얽매이지 않고 글을 쓴다.

이렇게 한 권의 책을 읽다 보면 그냥 읽을 때와는 차원이 다른 감동을 느낄 수 있다. 내용을 파악하고 이해하는 데도 도움이 된다. 오래도록 기억할 수도 있는 장점도 있다.

책 한 권을 7단계로 나누어 읽으려면 나름 준비되어야 할 것이 있다. 무턱대고 읽어가다가는 흐름을 놓치기 쉽다. 그래서 나는 책을 읽으면서 메모장을 옆에 두고 읽는다. 중요한 내용을 그때그때 질문을 던지고 답을 적어 놓기 위해서다.

필요하면 책에 메모도 아끼지 않는다. 책을 읽으면서 떠오른 생각을 적어놓으면 그것이 이해적인 질문으로 이어질 수 있다. 형광펜으로 중요한 내용을 색칠해 놓기도 한다. 책을 한 번 읽은 후 질문지를 만들 때 색칠해놓은 부분은 내용 이해와 더불어 심도 있는 질문을 던지는 훌륭한 자료가 되기 때문이다.

시간이 걸리더라도 이렇게 책을 읽는 것이 수년 동안 지속되었다. 이제는 따로 질문지는 만들지 않지만, 메모와 형광펜 사용은 계속하고 있다. 질문지가 없어도 자동으로 분석하고, 적용하고, 정리해야 하는 부분이 머릿속에서 이뤄지기 때문이다. '질문을 던지고 글로 정리한 책 읽기' 방법이 글쓰기를 한 번도 배우지 않았지만, 내가 작가의 길로 들어설 수 있도록 했다.

모든 사람이 나와 같은 방법으로 책을 읽을 필요는 없다. 하지만 나름대로 효과적인 독서법을 터득해야 한다. 그래야 글자만 읽는 우를 범하지 않을 수 있다.

독서로 삶을 바꾼 사람들이 공통으로 전하는 독서법은 이렇다.

먼저 독서의 양이다. 독서의 양보다 질이 중요하다는 이야기를 많이 한다. 당연하다. 많이 읽는 것도 중요하지만 한 권을 제대로 읽고 소화하고 적용하는 것이 더 효과적일 수 있다. 하지만 한 권의 힘은 한계가 있다. 한 그루의 큰 나무로는 숲을 이룰 수 없다. 수많은 나무가 모여야 숲이 된다.

마찬가지로 어느 정도의 독서량이 채워져야 '지식의 숲'을 이룰 수 있다. 숲이 이뤄져야 동식물이 살 수 있듯이 내면의 지식의 숲도 만들어져야 여러 가지 상황을 꿰뚫고 적용하고 융합할 수 있는 능력이 생긴다.

왕성한 집필로 한국과 일본에서 큰 인기를 누리는 메이지대학교 사이토 다카시齋藤孝 교수는 다양한 분야의 책을 읽고, 많은 책을 낸 작가로 '독서의 대가'로 통한다.

사이토 다카시 교수는 독서의 양이 중요함을 이렇게 전한다.

"독서는 머리로 하는 것이 아니다. 지금까지 축적된 독서량으로 하는 것이다. 읽기의 세계에서는 그야말로 '꾸준히 하는 것'이 힘이 된다."

그럼 어느 정도의 양이면 좋을까. 대다수 독서 전문가들은 100권을 이야기한다. 100권 정도를 읽어야 문리文理가 트이는 조짐을 볼 수 있단다. 굳은 다짐으로 관심 있는 분야의 책 100권 읽기에 도전해보라. 그러면 머지않은 장래에 예전과 전혀 다른 자신을 만날 수 있을 것이다.

나는 책을 읽으며 마음에 드는 대목은 꼭 컴퓨터에 옮겨 적는다. 옮겨 적는 과정에서 다시 한 번 글을 곱씹어 볼 수 있는 장점이 있다. 글을 옮겨 쓰면서 좋은 글이 어떻게 이뤄지고 있는지 그 모범도 배울 수 있다. 책을 쓸 때 훌륭한 자료를 확보하는 이점도 있다. 이렇게 중요한 내용을 가려 뽑아 옮겨 적는 것을 '초서抄書' 또는 '초록抄錄'이라고 한다.

초서는 우리 선조들이 즐겨하는 독서법 중의 하나다. 초서를 했던 대표적인 인물이 다산 정약용이다. 499권의 저작이 초서에서 비롯되었다는 것을 알게 한다. 규장각을 지어 독서를 장려했던 정조도 초서를 했다. 신하와의 대화에서 정조는 이렇게 말했다.

"나는 책 보는 취미가 있는데, 한 질을 다 읽을 때마다 초록을 해 두었다가 한가할 때, 때때로 펼쳐보는 것이 재미가 있다."

이는 책을 읽으면서 중요한 대목을 찾아 베껴 쓰면 좋은 효과를 거둘 수 있다는 의미다. 이 외에도 다양한 독서방법이 전해진다. 나처럼 질문법을 만드는 과정을 적용해서 읽는 사람도 있고, 바인더를 활용하거나, 자기만의 독서 노트를, 포스트잇, 형광펜을 활용해 책을 읽기도 한다. 하지만 어떤 것도 왕도가 될 수 없다. 저마다 특성과 상황에 따라 다르다. 자신에게 맞는 특화된 독서법을 찾아 활용하면 된다.

그렇게 하려면 어느 정도의 독서량이 채워져야 한다. 메모도 필수다. 그렇게 읽어가는 동안 자신만의 독서법이 완성된다. 독서법은 누군가의 방법만을 탐독한다고 해서 얻어지는 것이 아니다. 독서의 중요성을 깨닫고 간절한 마음으로 읽어갈 때 효과적인 독서법이 만들어진다. 독서를 통한 삶의 변화는 이렇게 완성된다.

머릿속에 여러 가지 상상이 꿈틀대고 있다면
그것을 현실로 재현할 수 있는 방법을 찾아봐야 한다.

08

상상력

인공지능시대 가장 필요한 능력

●　　　　　　　　　인류의 과학적 진보는 상상력에서 비롯되었다. 하늘을 날고 싶다는 상상력은 비행기를 탄생시켰고, 미지의 바닷속을 유영하고 싶다는 상상력은 잠수함도 만들게 했다. 역사를 더듬지 않더라도 우리 생활에 밀착되어 있는 스마트폰도 있다.

어디 그뿐인가. 뛰어난 상상력으로 만든 영화 한 편은 그 부가가치가 어마어마하게 커졌다. 실례로 영화 〈쥬라기 공원〉 한 편으로 얻은 수익이 당시 우리나라 소나타 130만대를 수출하고 번 돈과 맞먹는다고 한다.

소설도 다르지 않다. 죠엔 롤링Joan K. Rowling의 〈해리포터 시리즈〉는 상상력의 극치를 보여주었다.

이처럼 과학과 산업, 문학과 예술 등 우리 생활 전반에 직접적인 영향을 끼치는 상상력은 21세기를 살고 있는 모두가 다듬고 품어야 할 필수적인 요소가 되었다.

누구나 상상을 한다. 좀 더 편리하게 살고 싶은 생각이 엉뚱한 상상을 불러일으킨다. 현실엔 도저히 실현 불가능한 것처럼 보이지만 상상 속에서는 모두 이룰 수 있다. 그럴 때마다 만족스러운 미소를 짓는다. 나도 하늘을 나는 자동차를 타고 싶다는 생각을 한 적이 있다. 가까운 길은 자동차로 운전해 달리고 먼 곳은 날개를 펴 비행해서 간다면 효과적일 것이라고 말이다. 교통체증으로 인상을 찌푸리지도 않아도 된다고 생각했다. 그런데 하늘을 나는 자동차가 상용화된다는 소식이 들렸다. 상상이 현실이 된 것이다.

어린 시절 나는 섬 하나를 사서 멋지게 꾸며 놓으면 좋을 것 같다고 생각했다. 그러면 많은 사람들이 구경하러 모여들 것이고 난 입장료를 받아야겠다고 마음먹었다. 멋진 상상은 현실에 매몰돼 실현할 생각도 못 한 채 끝나고 말았다. 그런데 실제로 거제도에 멋진 풍광으로 사람들을 유혹하는 섬, 외도의 소식을 접했다. 나는 씁쓸한 웃음을 지었다. 난 상상으로 끝냈는데 다른 누구는 상상을 현실로 만들었기 때문이다.

조앤 롤링의 삶을 보면 이해가 간다. 〈해리포터 시리즈〉를 쓴 조앤 롤링은 28세에 해고와 이혼으로 혼자의 몸이 된다. 그녀가 해고를 당한 이유는 머릿속에서 꿈틀대는 상상 때문이었다.

상상 속에 빠져 있는 동안 업무능력은 떨어지고 결국 해고의 칼날을 피하지 못한다. 글을 쓰고 싶었지만 변변한 장소마저 없었다. 그녀는 4개월 된 딸을 데리고 카페 한구석에서 상상했던 이야기를 글로 썼다. 마침내 원고가 완성되어 출판사에 투고하지만 12번의 퇴짜를 맞는다. 그래도 포기하지 않았다. 그 결과 세계를 쥐락펴락하는 문학가가 되었다. 1조 원이 넘는 재력가로도 변모했다.

상상 속에 있는 것은 피와 땀과 눈물의 결정체로 승화되어야 현실에 꽃을 피우게 된다. 청색 LED 연구로 노벨물리학상을 받은 나카무라 슈지中村修二의 말을 들으면 고개가 끄덕여진다.

나카무라 슈지는《끝까지 해내는 힘》에서 노벨상을 탈 수 있었던 근원을 상상력에 두며 이렇게 말했다.

"무언가를 만드는데 필요한 기본은 '상상력'에 달려 있다. '어쩌면 이렇게 될지도 몰라, 아니 저렇게 될지도 모르겠는걸' 하며 한껏 상상력을 발휘하고 시행착오를 겪어가며 무언가를 만들어 낸다. 하지만 실제로는 생각처럼 잘 되지 않을 때가 많다. 이런 실패 과정을 자신의 경험과 지혜로 극복하려고 애쓰며 난관을 뛰어넘을 때 비로소 창조적인 결과가 탄생한다."

그는 상상력이 더 발전하려면 늘 자신만의 방법으로 시도하고 도전해야 한다고 말한다. 누군가 써 놓은 문헌을 참고하면 그와 똑같은 방법을 시도할 수밖에 없어 좋은 결과를 얻을 수 없다고 한다. 그러면서 자신이 지방 중소기업에서 연구한 것을 행운으로 여긴다. 악조건 속에서 고군분투한 것이 기존의 상식을 뛰어넘는 방법으로 연구를 진행할 수 있게 했단다.

"상상력이 필요하지 않은 환경에서는 지혜가 생겨나지 않을뿐더러 즐거움도 느낄 수 없다."

혼자 힘으로 좌충우돌하며 방법을 찾을 수 있어야 나만의 결과물을 완성할 수 있다는 이야기다.

많은 사람들이 창의적인 결과물은 독특한 생각과 행동으로 얻어진다고 생각한다. 하지만 창의적인 연구와 결과물을 만들어낸 사람들은 이구동성으로 끈기를 이야기한다. 끝까지 해내는 힘이 없이는 상상 속에 있는 것을 현실로 만들어낼 수 없다고 한다.

난독증, 안면인식장애, 척추동맥파열로 사지 마비의 장애를 앓고 있는 척 클로스Chuck Close라는 작가가 있다. 그는 '현실주의 사진'이라는 예술기법으로 독창적인 미술 세계를 열어가는 세계적인 작가이다. 그의 초상화를 보면 마치 살아 움직이고 있는 것 같은 착각에 빠진다.

그런 그에게 언론이 창의성의 비결을 물었다.

"어려운 여건 속에서도 새로운 예술 기법을 발명할 수 있었던 창의성은 어디서 나오는가?"

이에 척 클로스는 단순하게 대답한다.

"아이디어가 나올 때까지 계속 작업을 하면서 이것저것 해봅니다."

"그럼 영감은 어디에서 얻는가?"

"영감? 영감은 아마추어들이나 찾는 것이죠. 우리 '프로'들은 그냥 아침에 작업실에 일하러 갑니다. 꾸준히 작업하는 행동 그 자체에서 무엇인가가 자라나기를 기다립니다. 일하다 보면 새로운 문이 발견되고, 그럼 그 문을 발로 걸어차죠. 그냥 앉아서 '위대한 예술적 아이디어'만 찾는다면 상상도 할 수 없는 길이 나타납니다. 이런 규칙적인 반복은 오히려 예술가를 자유롭게 해줍니다. 매일 새로운 것을 해야 한다는 압박을 없애주니까요. 오늘 내가 무슨 일을 해야 하는지는 누구나 다 알죠. 어제와 같은 일을 할 테니까요. 그리고 내일도 오늘과 같은 일을 하게 되겠죠. 그 일을 꾸준히 하면서 어느 기간 동안 버티면 뭔가는 되게 되어 있습니다."

척 클로스도 나카무라 슈지처럼 "버티면서 끝까지 해내면 결과물을 얻어낼 수 있다"고 말한다. 한번 반짝이는 아이디어나 상상력에 기대는 것이 아니라 끊임없이 시도하고 연구하면서 결과물이 만들어질 때까지 도전하는 것이 답이란다. 이것이 상상력을 기반으로 창의적인 결과물을 만들어낸 사람들의 공통점이다.

머릿속에 여러 가지 상상이 꿈틀대고 있다면 그것을 현실로 재현할 수 있는 방법을 찾아봐야 한다. 끊임없이 도전하고 시도하며 자신만의 방법을 찾아야 한다. 주변의 시선에는 신경 쓰지 말아야 한다.

월트 디즈니Walt Disney가 디즈니랜드를 만들 때 주변에서는 이구동성으로 반대했다. 하지만 그는 반대를 무릅쓰고 상상 속에 펼쳐진 꿈의 궁전을 짓는데 박차를 가한다. 그 결과로 어린이들이 상상의 나래를 펼치는 천국이 탄생할 수 있었다.

상상 속에 있는 이야기는 현재의 관점으로 보면 다소 엉뚱해보인다. 실현 가능성이 없어 보이기도 한다. 그래서 사람들은 반대한다. 하지만 상상력은 현실을 거스를 때 완성된다. 상상은 현실에 존재하지 않는 이야기이기 때문이다.

온갖 상상을 글로 적어 놓고 책으로 펴낸 사람이 있다. 바로 《개미》의 작가 베르나르 베르베르Bernard Werber이다. 《상대적이며 절대적인 지식의 백과사전》, 《베르나르 베르베르의 상상력 사전》은 그가 열네 살부터 상상 속에 펼쳐진 이야기를 써 놓은 글을 묶은 것이다. 상상 속에 있는 글을 써 놓은 것이 훗날 수많은 문학작품으로 탄생했다.

《베르나르 베르베르의 상상력 사전》에 상상과 관련된 글이 있어 옮겨 보려고 한다.

"인간은 아직 알지 못하는 것을 대할 때 가장 큰 두려움을 느낀다. 그 미지의 것이 적대적인 존재일지라도 일단 정체가 밝혀지면 인간은 안도감을 느끼게 된다. 반면에 상대의 정체를 알지 못하면, 상상을 통해 두려움을 부풀리는 과정이 촉발된다. 그리하여 각자의 내면에 도사리고 있던 악마. 가장 고약하고 위험한 존재가 나타난다. 미지의 존재와 마주하고 있다고 생각하면서. 사실은 자신의 무의식이 지어내는 환상적인 괴물과 대면하는 것이다. 하지만 바로 이런 순간에 인간의 정신이 최고 수준으로 기능하는 뜻밖의 현상이 벌어지기도 한다. 이럴 때에 인간은 주의 깊고 명민해지며 자신의 감각 능력을 온전히 발휘하여 상대를 이해하려고 애쓴다. 그럼으로써 두려움을 다스리고 미처 몰랐던 자신의 재능을 발견하게 되는 것이다."

상상이 새로운 결과물을 만든 것뿐만 아니라 재능의 발견까지 돕는단다. 상상은 삶을 변화시키는데 여러모로 쓰임새가 많은 건 확실하다.

지금 내가 어떤 생각을 품고 있느냐가
지옥인지 천국인지를 결정한다.

09

버리기

쓸데없는 걱정에서 벗어나라

● 쓸데없는 걱정은 삶을 지치게 만든다. 시시각각 머릿속을 지배해 불안감을 느끼게 한다. 일어나지 않는 일인데도 자꾸만 불안한 생각이 자신을 사로잡는다. 이런 쓸데없는 생각은 성장과 성숙한 삶을 향해 나아가는 데 아무런 도움이 되지 않는다. 정신적인 스트레스가 많은 현대인들만 쓸데없는 생각에 사로잡혔던 것은 아니다. 수천 년 전 사람들도 우리와 다를 바 없이 쓸데없는 걱정 근심으로 불안감에 떨었다. '기우杞憂'라는 고사성어까지 생겨났으니 말이다.

기우는 '기나라 사람의 근심'이란 뜻으로, 일어나지도 않는 일들을 과하게 걱정하고 두려워하는 사람을 일컬을 때 쓰인다.

중국 기나라에 살고 있던 사람은 걱정이 너무 많아서 먹지도 자지도 못했다고 한다. 급기야 신경쇠약으로 거의 죽음의 직전까지 갔단다.

그가 한 걱정은 이렇다. 하늘을 올려다보면 하늘이 무너질까 봐, 땅을 내려다보면 땅이 꺼져 자신이 죽을 수도 있다는 것이었다. 다행히 그 사람 곁에는 지혜로운 친구가 있었다. 그 친구는 하늘은 기운으로 가득 차 있어 해와 달과 별이 떨어지지 않고, 땅도 기운이 뭉쳐져 있어 꺼지지 않는다는 것을 설명해 주었다. 그제야 기나라 사람은 비로소 안심하고 살았단다.

기우 이야기를 들으면 '참 한심하다'라고 생각할 수 있다. 어떻게 하늘이 무너지고 땅이 꺼질 수 있냐고 말이다. 하지만 우리가 생각하는 쓸데없는 걱정들도 사실 일상생활에서 일어나지 않는 일이다. 예컨대 컨디션이 조금만 이상해도 마치 중병에 걸린 것은 아닌지 온갖 소설을 쓴다. 삶의 문제가 풀리지 않으면 자신이 비극의 주인공이 된 것처럼 상상한다. 다음 날 처리해야 할 일도 여러 가지 상황을 설정하며 걱정한다. 그러면서 잠을 설친다. 거의 뜬눈으로 밤을 새우지만 막상 걱정했던 일을 부딪치면 상상했던 시나리오와 상관없이 일 처리가 진행된다. 자신만 괜한 생각으로 불안해하고 괴로워했던 것이다.

걱정은 불안감에서 출발한다. 불안에 상상력이 더해지면 걱정이 된다. 그런데 우리가 하는 걱정의 90퍼센트는 실제로 일어나지 않는다고 한다.

어니 J. 젤린스키Zelinski, Ernie J라는 심리학자는 연구를 통해 걱정을 낱낱이 파헤쳤다. 우리가 하는 걱정의 40퍼센트는 절대로 일어나지 않으며, 30퍼센트는 이미 일어난 일에 대한 것이란다. 22퍼센트는 굳이 걱정할 필요도 없는 사소한 것이며 4퍼센트는 걱정해봤자 어쩔 수 없는 것이고, 나머지 4퍼센트는 우리 힘으로 충분히 해결할 수 있는 문제라는 것이다. 겨우 4퍼센트 때문에 걱정 근심으로 힘들어할 필요는 없다. 그 4퍼센트도 우리 힘으로는 어떻게 할 수 없는 것이니, 결국 걱정은 삶에 아무런 도움이 되지 않는다는 이야기다.

쓸데없는 걱정 근심에 사로잡히면 지옥을 경험한다. 스스로 무덤을 파고 들어간 꼴이다.

베벌리 포터Beverly A. Potter의 《쓸데없는 걱정 현명한 걱정》에 나온 구도자 이야기를 보면 이해가 간다.

어떤 구도자가 깨달음을 얻기 위해 먼 길을 떠났다. 오랜 시간 끝에 현자가 머무는 산 중 오두막에 이르렀다.

구도자는 현자에게 물었다.

"제가 중요한 질문이 있어서 먼 길을 마다하지 않고 이렇게 왔습니다."

현자가 물었다.

"그래, 그 질문이란 게 무엇인가?"

"천국과 지옥에 대해 말씀해주실 수 있겠습니까?"

구도자의 질문에 현자는 정색하고 대답했다.

"어리석기 그지없는 사람이로다. 난 그따위 멍텅구리 같은 질문에 답하고 있을 한가한 몸이 아닐세. 제대로 된 질문거리가 생기거들랑 그때 다시 오게나!"

현자는 쏘아붙이며 구도자를 내쳤다.

구도자는 현자의 태도에 안절부절못하고 서성대기 시작했다.

"도대체 내가 뭘 잘못했지?"라며 자신이 한 말을 후회했다.

그리고 이렇게 중얼거렸다.

"내가 현자의 자존심을 건드렸나. 왜 그런 바보 같은 질문을 했지? 대답을 얻지 못하면 절대 돌아갈 수 없는데. 고향 사람들이 나를 어떻게 생각하겠어?"

그 모습을 지켜보던 현자가 말했다.

"그게 바로 지옥이야."

현자의 말을 듣는 순간 구도자는 깜짝 놀라 그 자리에 우뚝 섰다. 그리고 현자의 말 속에 담긴 진리를 깨달았다. 이내 구도자는 평정심을 되찾고 고개 숙여 사례하며 이렇게 말했다.

"마음이 번잡한 생각으로 가득한 삶이 바로 지옥임을 이제 깨달았습니다. 스스로 다그치는 것을 그만두니까 지금은 한결 기분이 나아졌습니다."

그러자 또 현자가 빙그레 웃으며 말했다.

"방금 그건 천국이고."

그렇다. 지금 내가 어떤 생각을 품고 있느냐가 지옥인지 천국인지를 결정한다. 우리의 삶이 생각의 산물이기에 그렇다. 흔히 알고 있듯이 '생각이 말이 되고, 말은 행동으로 옮겨지고, 그것은 다시 습관이 되어 자신의 삶을 결정짓는다'라고 하지 않는가.

작가이자 최고의 동기부여가로 알려진 지그 지글러Zig Ziglar는 "사람은 자신의 관점과 일치하지 않는 행동을 할 수 없다. 자신을 부정적으로 보는 사람은 긍정적인 일을 절대 하지 못한다"라고 했다. 즉 자신이 생각한 대로 결과를 얻는다는 의미다.

대부분의 사람들이 걱정해도 문제 해결에 도움이 되지 않는 것을 안다. 그런데도 끊임없이 이어지는 쓸데없는 걱정은 우리의 생각을 파고든다. 걱정의 뿌리를 파헤치려면 불안에 대해 알아야 한다. 불안이 걱정의 근원이기에 그렇다.

인간은 불안을 느끼며 생존 본능을 일깨웠다. 불안을 느낄 수 있었기에 맹수로부터 자신들을 보호할 수 있었고, 전쟁에서는 적의 공격을 미리 대비할 수 있었다. 불안은 시시각각 다가오는 위험에서 자신을 지키려는 몸부림이었다. 불안 그 자체는 별 위험성이 없다. 그런데 불안이 상상력과 결합하면 문제가 발생한다.

세계적인 치유심리학자 브렌다 쇼샤나Brenda Shoshanna는《걱정 버리기 연습》에서 그 의미를 이렇게 설명한다.

"불안에 상상력이 발휘된 결과 실재하는 위험뿐만 아니라 '위험할 수' 있는 것, '위험할지도' 모르는 것들이 머릿속을 잠식한다. 걱정을 털어내려 해도 생각처럼 되지 않는 건, 그것이 불안이라는 본능에 거머리처럼 딱 붙어 있기 때문이다. 이처럼 걱정은 불안이 생각을 만나 부풀려진 결과이다."

쓸데없는 걱정이 일어나는 이유를 알았다면 이제 쓸데없는 걱정에서 벗어날 수 있는 방법을 찾아보아야 한다. 쓸데없는 걱정에서 자유로워지려면 현실을 직시할 필요가 있다. 과도한 기대를 내려놓고 있는 그대로의 모습을 수용하는 것이다. 뜻밖에 자신의 있는 그대로의 모습을 인정할 때 걱정 근심을 떠나보낼 수 있다.

다른 한 가지는 생각이 똬리를 틀고 앉아 있을 시간을 주지 않는 것이다. 쓸데없는 걱정은 연쇄적으로 일어난다. 한 가지 걱정으로 시작된 상상은 연쇄반응을 일으켜 수많은 걱정으로 연결된다. 종국에는 걷잡을 수 없는 지경까지 이르게 된다. 그러니 애초부터 쓸데없는 걱정이 싹을 틔울 시간을 주지 말아야 한다.

가장 좋은 방법은 신체활동을 많이 하는 것이다. 운동도 좋다. 몸을 움직이다 보면 불필요한 생각은 저절로 사라지게 된다. 생각은 생각으로 없앨 수 없으니 반드시 신체활동 시간을 늘릴 필요가 있다.

혼자 있는 시간도 줄이는 것이 좋다. 대부분의 쓸데없는 생각은 혼자 있는 시간에 왕성하게 이루어진다. 그러니 혼자보다 좋은 사람들과 어울리는 시간을 가져야 한다. 좋은 사람들과 함께 있으면 좋은 기운을 받아 쓸데없는 걱정에서 멀어질 수 있다. 특별히 자신을 괴롭히는 시간이 있다면 그 시간만큼은 의도적으로라도 기분이 좋아질 상황으로 들어가야 한다. 트라우마가 형성된 시간을 피하는 것이다.

쓸데없는 걱정에 사로잡혀 괴로워하는 것은 사실 생각의 문제가 아니다. 머릿속에서 떠오른 생각에 대한 내 생각이다. 결국 해석의 문제라는 것이다. 그러니 어떤 식으로든 좋은 쪽으로 긍정적인 방향으로 생각해야 한다. 좋은 일이 일어날 거라 생각하면 걱정보다 기대가 부풀어 오른다. 당연히 쓸데없는 생각은 자리를 잡을 수 없다.

가장 좋은 방법은 쓸데없는 생각이 현실에 전혀 영향을 줄 수 없다는 것을 인지하는 것이다. 아무리 생각에 생각을 거듭해도 소용이 없다는 것을 깨달으면 쓸데없는 걱정에서 해방될 수 있다.

어떤 일이 있어도 바람직한 됨됨이로
삶을 주도해 나갈 수 있도록 해야 한다.

10

됨됨이

인성(人性)이 경쟁력이다

● 　　　　　　　요즘 우리 사회에서 자주 회자되는 단어는 인성人性이다. 사람 됨됨이의 중요성이 강조되고 있는 것이다. 뉴스의 일면을 장식하는 대부분의 사건 사고를 보면 알 수 있다. 경악을 금치 못하는 군대 내 구타 사건이나 탈영, 총기 난사 사건의 이면에는 인성 문제가 있다는 것을 알 수 있다. 사람을 사람으로 취급하지 않고 따돌리고 구타하는 모습은 '어떻게 사람이 저런 행동을 할 수 있을까'라는 의구심마저 들게 한다.

　학교 폭력도 어제오늘의 일이 아니다. 정의가 사라지고 도덕성이 파괴되는 근본적인 이유도 됨됨이의 실종에서 비롯되었다. 직장생활에서 원만한 인간관계를 맺지 못하는 것의 원인도 됨됨이라고 볼 수 있다. 그래서 요즘 인재를 등용하는 척도는 바람직한 인간성이다. 대학에서도 다르지 않다. 의과대학에서는 '다면인적성 심층면접'으로 학생을 선발한다. 일선 학교에서는 이제 의무적으로 인성을 교육해야 한다. 발등에 불이 떨어진 것이다.

　인간성이 파괴된 이유는 우리 사회 구조에서 찾아볼 수 있다. 한때 우리 사회는 가난에 허덕이며 살아야 했다. 한 끼 챙겨 먹는 것조차 힘들었다. 나라도 힘이 없었다. 오직 경제 성장만이 가난을 벗어날 수 있는 길이었다.

　모든 사람이 새벽부터 늦은 저녁까지 일하며 경제 성장에 온 힘을 쏟아부었다. 사람 됨됨이보다 일이 먼저였고 공부가 우선시 되었다. 자식 공부시키는 일이라면 물불 가리지 않았다. 출세하고 성공을 위한 길에 사람 됨됨이는 안중에도 없었다.

사람을 대하는 척도도 달랐다. 그 사람이 어떤 사람인가보다 는, 그 사람이 어떤 차를 타고, 어떤 집에 살고, 어떤 직책에 있고, 얼마나 돈이 많은지로 판단했다. 모두가 원하는 대로 초고속 성 장을 이루고 경제적으로 어느 정도 살만해졌다. 하지만 됨됨이를 무시한 대가는 혹독하게 치르고 있다.

사람 됨됨이를 중요하게 여긴 것은 비단 오늘의 문제만은 아니 었다. 저 멀리 그리스 시대에도 어떻게 사는 것이 바람직한 삶인지 에 대한 논쟁이 뜨거웠다. 철학자들의 고뇌를 보면 가늠이 된다.

고대 그리스 철학자 탈레스Thales는 스스로 묻고 답하면서 사람 답게 사는 것이 무엇인지 생각했다.

"가장 올바르고 정의롭게 사는 일이 무엇이냐?"

"우리가 비난하는 다른 사람의 행위를 우리 스스로 하지 않으면 된 다."

"가장 행복한 사람은 누구인가?"

"몸이 건강하고, 정신이 지혜롭고, 성품이 온순한 사람이다."

탈레스는 행복한 사람이 되기 위해서는 인간성이 뒷받침 되어야 한다고 생각했다. 건강과 지혜가 있어도 됨됨이가 바람직하지 않으면 온전한 삶을 살 수 없다고 본 것이다.

그리스 철학자 헤라클레이토스Heraclitos도 비슷한 말을 한다.

"인격은 그 사람의 운명이다."

역시 사람 됨됨이가 그 사람의 운명을 좌우한다고 보았다.

자신을 아는 것이 무엇보다 중요하다고 말한 소크라테스도 다르지 않다. 소크라테스의 삶을 가장 가까이에서 본 크세노폰Xenophon은 그의 저서 《소크라테스의 추억》에서 소크라테스의 말을 이렇게 전한다.

"자신을 아는 사람은 무엇이 적합한지 스스로 알며, 무엇을 할 수 있고 무엇을 할 수 없는지를 분별하며, 또한 어떻게 할 것인지 아는 바를 해냄으로써 필요한 것을 얻고, 그러고는 모르는 것을 삼감으로써 비난받지 않고 살아가며 또 불운을 피하게 된다네."

자신을 안다는 것은 어떻게 생각하고 어떻게 행동해야 하는지 아는 것에서 비롯된다는 것이다. 자신을 알고 나아가는 목적이 비난받지 않기 위해서란다. 역시 됨됨이에 초점이 맞춰져 있다.

소크라테스는 자신이 말한 대로 행동도 일치했다.

그가 사형선고를 받고 나서 한 말을 들어보자.

"조금이라도 지혜가 있는 사람이라면 죽느냐 사느냐 하는 위험을 헤아려서는 안 되며, 오직 올바른 행위를 하느냐 나쁜 행위를 하느냐, 선한 인간이 할 일을 하느냐 나쁜 인간이 할 일을 하느냐 하는 것만을 고려해야 한다."

얼마든지 사형을 피할 수 있었지만, 소크라테스는 비겁하게 행동하지 않았다. '악법도 법'이라며 담담히 죽음을 받아들인다. 그가 추구하는 삶이 곧 올바른 행위와 선한 인간이었기 때문이다.

동양사상의 뿌리가 된 유교 사상은 인간 됨됨이를 무엇보다 강조하고 있다.《논어》는 '사람답게 사는 길'에 대한 책이다.

〈이인편里仁篇〉에 이런 말이 있다.

"부귀는 사람들이 원하는 것이나 정당하게 얻는 것이 아니면 받아들이지 말아야 한다. 빈천은 사람들이 싫어하는 것이나 부당하게 된 것이라도 억지로 버리지 말아야 한다. 군자가 인(仁)을 버리면 어찌 명성을 높이겠는가? 군자는 밥을 먹는 잠깐 사이에도 인을 어기지 말아야 하니, 급한 상황이나 넘어질 때에도 반드시 인에 근본을 두어야 한다."

공자는 어떤 상황에서도 인仁을 버리지 말아야 한다고 말한다. 여기서 인은 품성과 덕성을 갖춘 상태를 의미한다. 맹자도 사람이 갖춰야 할 덕목을 '인의예지(仁義禮智, 어질고, 의롭고, 예의 바르고, 지혜로움)'로 말한다. 인의예지의 바탕 역시 사람 됨됨이에 초점이 맞춰져 있다.

사람 됨됨이를 강조한 이야기는 이 책 전부를 할애해도 부족하다. 됨됨이가 "중요하다", "아니다"라는 논의는 이제 의미가 없다. 됨됨이를 갖추지 않고는 행복하고 성공적인 삶을 살 수 없는 시대가 이미 도래했기 때문이다.

사실 인성은 어릴 적에 훈련되고 길러져야 한다. 가정에서 보고 배우는 것으로 형성되기에 그렇다. 이것이 평생 간다. 하지만 바람직한 인성을 기르는 교육과 환경, 사회적인 분위기가 조성되지 않았다. 그러니 이제부터 새로운 접근과 대안이 필요하다. 지난날을 탓하기보다는 다시 준비하고 훈련해 바람직한 인성을 기르는 것에 초점을 맞춰야 한다.

가장 중요한 것은 외적인 성공보다는 내면의 성숙이 중요하다는 인식이다. 인성을 수많은 가치 중에 으뜸으로 여기는 사회를 우리 스스로 만들어가야 한다. 여기저기서 인성을 강조하는 분위기가 조성되면 교육이 바뀔 수 있다. 교육이 바뀌어야 됨됨이에 더 가치를 부여하게 되고, 서서히 좋은 쪽으로 변화의 물결이 일렁이게 된다.

혼자 있을 때 삶을 다스리는 훈련도 필요하다. 인간 됨됨이는 혼자 있을 때 생각하고 행동하는 것들이 모여 이루어진다고 해도 과언이 아니다. 아무도 보는 사람이 없을 때 아무렇게나 생각하고 행동해도 된다고 생각하면 그런 인식이 마음속에서 뿌리를 내린다. 한번 마음에 굳건하게 뿌리를 내려버리면 쉽게 고칠 수 없다. 결정적인 순간에 나타난 삶의 열매는 마음속 뿌리에서 비롯된 것이다.

평소에 하는 말을 다스리는 것도 중요하다. 말은 그 사람의 삶의 결정체다. 그 사람의 정신과 인간성이 말로 나타난다. 사람은 생각한 것을 말로 표현하고, 그다음 그 말의 씨앗대로 행동한다. 그러므로 말을 다스려야 한다. 남을 비판하거나 비난하는 말보다는 칭찬하고 긍정적인 말을 선포해야 한다. 비속어와 욕설도 삼가야 한다. 욕을 일삼다 보면 말한 욕대로 인격이 형성된다. 사람은 듣는 것으로 생각이 만들어진다. 자신이 한 말을 자신이 들어도 왜곡된 가치가 형성된다. 그러니 말만 잘 다스려도 바람직한 인성을 기를 수 있다.

따뜻한 미소를 짓는 것도 훈련해야 한다. 따뜻한 미소를 지으면서 심한 말을 늘어놓을 수 없다. 따뜻한 미소를 지으면서 사람을 구타하고 따돌릴 수 없다. 마음속에 날카로운 비수가 있으면 따뜻한 미소와 표정이 나올 수 없다. 그래서 마흔이 넘으면 자신의 얼굴에 책임을 져야 한다고 말한다. 속에 담겨진 것대로 얼굴이 형성되기 때문이다. 따뜻한 미소를 짓는 훈련을 하다 보면 내면의 마음도 예쁘게 자랄 수 있다.

행복한 삶은 사람 됨됨이에서 비롯된다. 어떤 일이 있어도 바람직한 됨됨이로 삶을 주도해 나갈 수 있도록 해야 한다. 다듬고 또 가다듬어야 한다는 인식과 훈련이 필요하다. 인성이 곧 경쟁력이기 때문이다.

《명심보감明心寶鑑》〈계성편戒性篇〉에 전하는 이야기를 생각하며 됨됨이를 다듬도록 하자.

"사람의 성품은 물과 같아서 물이 한번 기울어지면 다시 돌이킬 수 없듯이, 성품도 한번 방종해지면 다시 돌이킬 수 없다. 물을 통제하기 위해서는 반드시 둑을 쌓아야 하듯이, 성품을 올바로 하기 위해서는 반드시 예법을 지켜야 한다."

제4장

다시 한 번 해보겠다는
용기를 품어야 할 때

내 마음을 쓸모있는 것들로 가득 채우면
자연스레 나쁜 것들은 사라지기 마련이다.

01

마음결

마음 밭을 제대로 경작하라

●　　　　　　　　　　인생의 길을 두드리며 나아가는 것은
행복한 삶을 살기 위함이다. 조금 더 나은 조건과 여건 속에 살면
행복할 것 같아 우리는 치열하게 공부하고 노력한다. 하지만 진
정한 행복은 조건이 있는 것이 아니다. 마음에 있다. 마음결이 어
떤 상태인지에 따라 인생이 달라진다. 제아무리 많은 돈과 명예
와 권력이 있어도 마음이 행복하지 않으면 행복하지 않은 거다.

　그래서 선인先人들은 마음을 돌보고 지키는 것을 최고의 덕목
으로 여겼다.

　먼저 《성경》을 살펴보자.

"모든 지킬 만한 것 중에 더욱 네 마음을 지키라 생명의 근원이 이
에서 남이니라."　　　　　　　　　　　　　　　　 — 〈잠언〉 4장 23절

"만물보다 거짓되고 심히 부패한 것은 마음이라 누가 능히 이를 알
리요마는."　　　　　　　　　　　　　　　　　 — 〈예레미야〉 17장 9절

"노하기를 더디하는 자는 용사보다 낫고 자기의 마음을 다스리는
자는 성을 빼앗는 자보다 나으니라."　　　　　　　 — 〈잠언〉 16장 32절

　'마음이 모든 것의 근원'이라고 《성경》은 말한다. 병의 근원도
마음에서 시작되며 마음을 다스릴 줄 아는 사람이 성城을 소유하

는 것보다 낫다고 한다.

《성경》뿐만 아니라 동양 사상의 뿌리가 되는 고전에서도 마음의 중요성은 여기저기서 찾아볼 수 있다. 머릿속이 백지상태에 있는 아이들을 가르치기 위한 책 《소학小學》이 있다. 《소학》에는 '수양의 길'이라는 장이 따로 있다. 공경하며 살아가는 자세를 가르치는 데 여기에 마음가짐을 어떻게 해야 하는지도 자세히 말하고 있다.

"오만한 마음이 자라도록 내버려 둬서는 안 되며 욕심대로 행동해서는 안 되며 뜻이 완전히 충족되도록 해서도 안 된다."

마음을 다스려야 완전한 인간으로 살아갈 수 있다고 여긴 것이다. 사실 어렸을 때 배웠던 배움이 밑바탕을 이루고 그것이 평생간다.

《대학大學》에서도 마음의 중요성은 여러 군데서 강조되고 있다. 특히 7장에서는 '마음을 올바로 하고 몸을 닦는다'라는 정심수신正心修身에 대해 말하고 있다.

"'몸을 닦음은 자신의 마음을 올바로 하는 데 있다'라고 하는 것은 자신의 마음에 분노하는 감정이 있으면 마음의 올바름을 얻을 수 없고, 두려워하는 감정이 있어도 마음의 올바름을 얻을 수 없으며, 좋아하고 즐거워하는 감정이 있어도 마음의 올바름을 얻을 수 없고, 우환이 있어도 마음의 올바름을 얻을 수 없음이다."

송나라의 유학자 주희朱熹는 마음이 올바르지 않으면 물욕物慾에 동요되어 편벽便辟된다고 보았다.

"마음이 있지 않으면 보아도 보이지 않고 들어도 들리지 않으며 먹어도 그 맛을 알지 못한다."

수신修身이 정심正心에 있다는 의미다.

공자가《논어》에서 말하는 군자의 개념은 진실 된 마음質을 바탕으로 예文를 행할 수 있는 사람을 일컫는다. 군자라면 마음결이 좋아야 한다는 것이다. 역시 마음을 중요하게 생각한다.

마음결이 아름답지 못하면 늘 깨어지고 부서진다. 무슨 이유인지도 모른 채 짜증이 난다. 눈 앞에 펼쳐진 상황과 관계없이 아파하고 힘들어한다. 관계를 맺어 가는데도 자꾸만 불협화음을 낸다. 원인을 찾으려고 해도 잘 모른다. 하지만 가만히 살펴보면 모든 것의 근원이 마음결에 있다. 내 마음결이 아름답지 못하니 삶의 기쁨도 바람직한 관계도 맺지 못하는 것이다.

마음을 알고 다스리며 사는 것이 이렇게 중요한데 과연 얼마나 많은 사람들이 자신 있게 '내 마음은 이렇다'라고 말할 수 있을까.

자신의 마음결을 이해한다는 것은 말처럼 쉽지 않은 것 같다. 마음을 연구하는 학문까지 등장했으니 말이다. 심리학心理學이 태동한 것을 보면 인간은 마음을 쉽게 이해할 수 없는 것 같다. 그러기에 더더욱 마음을 알도록 노력하고, 아름다운 마음결을 형성시킬 수 있도록 힘써야 한다.

마음결을 학문적으로 이해하는 것은 뒤로하고 어떻게 하면 선하고 아름답게 마음결을 만들어가야 할지는 우리가 고민해봐야 할 것 같다. 마음결을 예쁘게 만들지 않으면 삶을 다듬어 갈 수 없기 때문이다. 행복한 삶도 누릴 수 없을 것이다. 아름다운 마음결을 만드는 법을 어느 철학자의 이야기로 풀어보았으면 한다.

웨이슈잉의 《하버드 새벽 4시 반》에서 소개된 이야기다.

어떤 철학자가 자신의 세 제자들을 데리고 잡초가 무성한 땅으로 데려갔다. 그리고 물었다.

"이 땅에 있는 잡초들을 없애려면 어떤 방법을 쓰면 좋겠는가?"

그때 한 제자가 말했다.

"저는 불을 질러 태워버리겠습니다."

다른 제자는 곰곰이 생각하다 "낫으로 모두 베어버리겠습니다"라고 말했다. 세 번째 제자는 "농약을 뿌려 모두 제거하겠습니다"라고 말했다.

철학자는 제자들의 대답을 듣고만 있었다. 누가 옳은 방법을 제시했는지도 평가조차 하지 않았다. 다만 그들이 제시한 대로 잡초를 제거해보라고 땅을 삼등분해주었다.

불로 태워 잡초를 제거하겠다는 제자는 불을 질러 순식간에 잡초를 태워 재로 만들어버렸다. 하지만 며칠이 지나자 다시 잡초가 돋아나고 이내 무성하게 자랐다.

낫으로 베어버리겠다고 답한 제자는 팔다리가 아플 정도로 열심히 잡초를 베었다. 잡초를 모두 제거했지만 얼마 지나지 않아 다시 잡초가 자라나 밭을 덮어버렸다.

농약을 쓰겠다는 제자는 겉으로 보이는 잡초를 모두 제거할 수 있었다. 하지만 뿌리는 여전히 살아있어 다시 무성할 정도로 자라나고 말았다. 세 제자들은 실망한 나머지 잡초 밭을 떠났다.

몇 개월이 흐른 후 철학자는 제자들을 데리고 잡초 밭으로 갔다. 그런데 이게 웬일인가. 잡초만 무성하던 밭은 어느새 푸른 보리밭으로 변해 있었다. 그 모습에 제자들은 깜짝 놀랐다.

철학자는 미소를 지으며 이렇게 말했다.

"잡초를 없애는 가장 좋은 방법은 쓸모 있는 작물을 심는 것이다."

마음결을 아름답게 만들어가려면 철학자의 지혜를 빌리는 것이 좋을 것 같다. 철학자는 나쁜 것들을 없애는 것보다 쓸모 있는 것으로 나쁜 것을 제거했다. 우리의 마음도 다르지 않다. 내 마음을 쓸모 있는 것들로 가득 채우면 자연스레 나쁜 것들은 사라지기 마련이다.

지금은 참 바쁜 시대다. 자신의 마음을 돌아볼 겨를조차 없을 정도다. 마음을 돌아보며 자신의 상태를 점검하라고 하면 이구동성으로 말한다. "한가하게 마음을 들여다 볼 시간이 어디 있느냐"고. 하지만 마음을 돌아보지 않으면 흔들리는 세상에서 나아갈 길을 열어갈 수도, 행복한 삶의 길도 걸어갈 수 없다.

그런 삶에 맹자는 이런 경고를 보낸다.

"사람들은 닭이나 개가 없어지면 열심히 찾지만 자기 마음은 내놓고서도 찾을 줄을 모른다. 학문하는 방법은 다른 데 있는 것이 아니라, 자신의 잃어버린 마음을 찾는 것일 뿐이다."

잃어버리고 있는 마음의 결을 찾는 것이 학문하는 이유란다. 학문하는 궁극적인 목적이 행복한 삶을 살기 위함이니, 결국 잃어 마음을 찾는 것이 행복한 삶을 사는 길이리라.

아름다운 마음결을 만들어가려면 먼저 마음에 물어야 한다. 마음이 아프고 힘들면 현실의 문제를 외면하려 한다. 마음이 현실과 접촉을 막는 것이다. 자기에게만 집중해달라고. 그런데도 많은 사람들이 마음을 들여다보지 않는다. 대신에 스마트폰이나 알코올, 쇼핑, 음식 같은 것으로 시선을 돌린다. 잠시라도 위안을 받고 뭔가에 집중할 수 있으니 말이다.

하지만 잠시 위안을 주는 곳에서 빠져나오는 순간 마음은 더 힘들고 공허해진다. 마음이 위로를 받기는커녕 오히려 악화하는 것이다. 마음이 아프고 힘들어하면 그냥 마음에 집중하며 스스로 물어보라.

"지금 나에게 정말 필요한 게 뭐지?"

스스로 보살피려는 마음으로 물으면 마음도 진정으로 원하는 것을 말한다. 마음도 아프고 힘든 일이 해결되길 원하기 때문이다. 이런 선순환의 삶의 태도를 추구하며 살 때 아름답고 건강한 마음결을 만들 수 있다. 세상에서 제일 위험한 사람은 마음결이 아름답지 않으면서 지식만 많이 쌓아가는 사람이다.

'마음의 문'을 닫으면 곰팡이만 핀다.
'마음의 창'을 열어두면 시원한 바람이 불어오고 햇살이 비춘다.

02

독화살

독(毒) 없는 삶을 살아라

살다 보면 마음에 독화살을 맞을 때가 있다. '비난의 독화살'을 맞아 서러움의 눈물을 흘리기도 하고, '비교의 독화살'은 열등감을 불러일으킨다. '무시의 독화살'은 존재감마저 의심하게 만든다. 내 삶에 날아온 수많은 독화살은 삶의 열정을 불태우며 나아가는 용기를 잃게 한다.

누군가 내 인생에 독화살을 날리면 대부분은 누가 쏘았는지부터 살핀다. 독화살을 날린 사람을 찾아내어 복수하기 위해서다. 하지만 복수를 꿈꾸고 있을 그때, 내 마음에는 독이 퍼져간다. 그러니 내 삶에 누군가 독화살을 날리면 독부터 제거해야 한다. 독을 제거한 후 보란 듯이 복수를 해도 늦지 않다. 진정한 복수는 상대를 아프게 하는 것이 아니라 독을 제거하고 건강한 삶을 살아가는 것이다.

사람들은 독화살에 맞으면 자기비하의 독이 퍼져간다. 자신을 무가치한 존재로 여기는 것이다. 자신이 얼마나 끔찍한 사람인지에 초점을 맞춘다. 스스로 무덤을 파고 들어가는 꼴이다. 어떤 이는 자기비하를 통해 측은지심을 유발하려고 한다. 동정을 이끌어내 관심을 받으려는 의도다. 자기비하가 자기연민으로 확장되는 것이다. 누군가 찾아와 격려하고 위로해주면 스스로 부족하게 여겼던 것에 자신감을 되찾을 수 있다고 여긴다.

하지만 이런 상태가 지속되면 사람들로부터 외면당하기 쉽다. 지속적인 관심을 가져줘야 하니 주변 사람들의 에너지가 소모되기 일쑤다. 어린애처럼 보이고 늘 칭얼대는 것 같아 사람들이 점점 멀리한다. 그러면 더욱 사람들의 관심을 이끌어내기 위해 과장된 표현을 하게 된다. 대부분의 표현도 부정적이다.

"난 뭘 해도 안 되나 봐", "내가 왜 사는지 모르겠다", "날 좋아하는 사람은 없을 거야" 이런 말을 되뇌며 살면 조그마한 독화살이 폭탄으로 커진다. 자기 삶이 얼마나 끔찍한지에 초점이 맞춰져 있으니 삶을 똑바로 보지 못하기 때문이다.

마음의 독을 제거할 수 있는 사람은 오직 자신뿐이다. 누군가가 대신 독을 제거해 줄 수는 있지만, 그것은 임시처방에 불과하다. 근본적인 해결책은 내면에서 찾아야 한다. 그 시작은 아주 작은 한 마디에서 비롯될 수 있다.

"○○야, 힘들지. 그래도 넌 할 수 있어. 힘내자."

스스로 건넨 용기의 한 마디가 문제 해결의 실마리가 된다. 마음이 아프다고 혼자 골방에 웅크리고 있지도 말아야 한다.

마음의 문을 닫으면 곰팡이만 핀다. 마음의 창을 활짝 열어두면 시원한 바람이 불어오고 햇살이 비춘다. 그러면 언제 그랬느냐는 듯이 생기가 돈아난다. 퀴퀴한 냄새도 습한 기운도 말끔히 날아간다. 자신에게 영화도 보여주고 맛있는 음식도 선물해보라. 거리를 활보하면서 인파 속으로 들어갈 때 마음의 독은 서서히 사라진다. 이런 노력이 자신을 사랑해주는 길이다.

사실 근본적인 해결책은 독화살이 날아올 때 피하거나 막는 것이다. 독화살을 맞지 않으면 문제 해결을 고민할 필요도 없다. 독화살을 막는 방패는 긍정적인 사고와 감사한 마음으로 사는 것이다. 이것은 사막과 밀림의 비유로 이해할 수 있을 것 같다.

사막에 가장 필요한 것은 비다. 하지만 만날 따가운 햇볕만 내리쬐기만 한다. 비가 더 이상 내리지 않아도 되는 밀림에는 만날 비가 내린다. 뭔가 불공평한 것 같지만, 진짜 공평한 이치다. 사막에 비가 내리면 옥토가 되고 온갖 동·식물이 살아갈 수 있다. 그런데도 왜 비는 내리지 않을까. 그것은 땅에 물이 없어서다. 비를 내릴 수 있는 수증기가 올라가지 않으니 비가 내리지 않는 것이다. 비는 하늘에서 내리는 게 아니라 땅에서 내리게 한다.

우리의 마음도 다르지 않다. 내 마음의 상태대로 내 삶이 펼쳐진다. 마음에 긍정적인 시각이 있으면 긍정적인 일만 보인다. 감사의 마음이 있으면 감사한 일만 보이고 그에 따라 감사한 일이 따라온다. 반면에 짜증과 슬픔만 있으면 슬프고 짜증 나는 일이 계속 일어난다. 퍼져 있는 독으로 세상을 바라보고 판단하며 살아가기 때문이다. 내 삶에는 왜 단비가 내리지 않느냐고 불평하기 전에 내 마음을 바꾸는 것이 먼저다. 마음의 상태에 따라 삶은 변화되기에 그렇다. 이런 마음이 독화살을 막는 든든한 방패가 되는 것이다.

독화살을 막고 제거하는 것도 필요하지만, 누군가의 삶에 독화살을 날리지도 말아야 한다. 무심코 던진 돌에 개구리가 맞아 죽듯이 무심결에 내뱉은 말 한마디가 어떤 사람에게는 독화살이 될 수 있다. 무심코 한 행동이 비수가 될 수도 있다.

내 삶이 누군가에게 독화살이 되지 않으려면《한비자韓非子》〈세난편說難篇〉에 나오는 역린지화逆鱗之禍 이야기를 참고하면 좋을 듯하다.

역린지화란 "용은 본성이 순한 동물이어서 잘 길들이면 그 등을 타고 다닐 수 있을 정도로 온순하지만, 역린(逆鱗, 용의 목 부근에 있는 거꾸로 된 비늘)을 잘못 건드린 사람은 반드시 죽인다"라는 말에서 유래되었다.

한비가 살았던 시대 사상가나 지식인들은 군주들을 찾아다니며 자신이 가진 사상과 정책을 유세했다. 자신이 가진 신념으로 군주들을 설득한 것이다. 그런데 군주를 설득하는 일이 어디 말처럼 쉬운 일인가. 군주의 심기를 잘못 건드리면 아차 하는 순간에 목숨을 잃는 일이 허다했다. 그래서 한비는 그 어려움을 역린을 빗대어 이야기한 것이다.

역린을 요즘 언어로 해석하면 약점 같은 것이다. 사람에게는 콤플렉스로 생각하는 것들이 모두 한두 가지씩은 있다. 외모, 학벌, 재산, 자식, 배우자의 문제로 자격지심에 사로잡혀 있을 수 있다. 그런데도 아무런 눈치도 없이 상대가 힘들어하는 문제를 건드리고 떠들어대면 화를 당하기에 십상이다.

말하는 사람의 의도와는 상관이 없다. 받아들이는 사람의 입장에 따라 수치심을 느낄 수 있다는 것이다. 상대의 삶을 바꿀만한 조언이 때로는 자존심을 상하게 하는 역린이 될 수도 있다. 정말 친한 사이에도 건드려서는 안 되는 역린이 있다. 그것을 건드리는 날에는 관계가 깨지는 것은 불을 보듯 훤하다.

그러니 말과 행동을 조심스럽게 해야 한다. 한 번 더 생각하고 말하는 훈련이 필요하다. 내가 받았던 도움과 상처를 생각하며 말하고 행동하면 좋을 것 같다. 이런 작은 노력이 누군가의 삶에 독화살을 날리지 않게 한다.

경쟁에서 상처받지 않으려면 비교하지 말아야 한다.
타인과 비교하면 언제나 결핍만을 느낄 수밖에 없다.

03

콩쿠르

선의의 경쟁으로 삶을 리드하라

● 　　　　　　　　　　음악, 미술, 영화 등의 분야에서 실력을
겨루기 위해 여는 경연 대회를 콩쿠르Concours라고 한다.
어린 시절 예술계통을 공부한 사람이라면 한 번쯤은 콩쿠르에 나
가본 기억이 있을 것이다. 긴장감과 압박감으로 마음고생을 하고,
경쟁에서 이기기 위해 떨리는 마음을 부여잡고 무대에서 펼친 경
연은 어떻게 끝났는지도 모른 채 끝나기 일쑤였다.

갈고닦은 실력을 제대로 발휘한 사람은 아쉬움이 덜했다. 하지
만 좋은 결과를 얻지 못했을 경우의 실망감은 이루 말할 수 없었
다. 특히 기대를 한 몸에 받고 출전했다면 아쉬움이 더했다. 작은
실수라도 한 날에는 절망감이 배가 되었다. 치열한 경쟁에서 이
기지 못한 결과로 고개를 떨어뜨리어야 한 것이다.

콩쿠르뿐만 아니라 우리가 살아가는 세상에서 경쟁은 필연적
이다. 살아가고 있는 모든 행위가 곧 경쟁이라고 할 만큼 경쟁은
생활 깊숙이 뿌리내려 있다. 우리 사회는 치열한 경쟁에서 이기
는 사람이 파이를 더 갖는 구조 속에 있다. 그러다 보니 경쟁에서
지지 않으려 어려서부터 배우고 또 배운다. 조금이라도 많은 파
이를 차지하기 위해, 아니 도태되지 않고 살아남기 위해서 배움
에 정진한 것이다.

피 말리는 경쟁 구도 속에 매몰되다 보니 여기저기서 부작용이
나타나기 시작했다. 어떻게든 경쟁에서 우위를 점하려다 보니 수

단과 방법을 가리지 않게 되었다. 불법도 마다하지 않는다. 동원할 배경이 없는 사람만 고스란히 피해를 당하고 살아야 하는 형국이다. 공정한 경쟁을 할 수 없는 상황에 신물이 난 사람은 경쟁 자체를 피하려고 한다. 경쟁의 압박감을 견디다 못해 극단적인 선택을 한 사람도 생겼다. 그렇다고 경쟁의 구도를 벗어나 살아 갈 수도 없으니 삶이 척박해진 것이다.

피할 수 없는 경쟁이라면 그 의미를 새롭게 정립할 필요가 있다. 만날 상처받고 가슴 아파하며 살아가지 않기 위해서라도 어떻게 경쟁하며 나가야 하는지 배워야 한다.

사실 콩쿠르는 피 터지게 경쟁한다는 뜻이 아니라 '함께 뛴다' 라는 의미이다. 프랑스어지만 어원은 그리스어에서 비롯되었다. '함께'를 뜻하는 '콘Kon'과 '뛰다'의 뜻 '쿠르세Cruces'가 결합한 말로, 원래는 스포츠 경기에서 사용했다고 전해진다. 즉 치열하게 순위를 가려 줄을 세우는 것이 아니라 함께 뛰며 공정하게 경쟁을 했던 것이다.

경쟁을 뜻하는 영어 'Competition'도 같은 의미를 지니고 있다. 어원이 라틴어 'Competere'에서 비롯되었는데 '최선의 결론을 얻기 위해 함께 추구한다'는 뜻이다. 공정하게 경쟁을 펼치며 함께 성장해 나가는 것이 경쟁의 본질이라는 뜻이다.

전 세계의 콜라 시장은 코카콜라가 움켜쥐고 있다. 그 뒤를 펩시콜라가 뒤따르고 있으며 호시탐탐 1위 자리를 차지하기 위해 힘쓰고 있다. 그런 펩시에 기회가 찾아왔다. 코카콜라 특유의 톡 쏘는 맛의 비결을 코카콜라 이사의 비서였던 조야 윌리엄스가 빼낸 것이다. 그는 공범들과 짜고 펩시콜라에 비밀을 제공하겠다는 편지를 보낸다. 하지만 펩시콜라 측은 달콤한 제의를 뿌리친다. 오히려 연방수사국에 신고해 그들을 잡을 수 있도록 도왔다. 사람들은 펩시콜라가 왜 가장 중요한 코카콜라의 비밀을 사들이지 않았는지 궁금해했다.

펩시콜라의 대변인 데이브 데세코는 이렇게 대답했다.

"때론 경쟁이 치열할 수도 있습니다. 그렇지만 경쟁은 어디까지나 공정하고 합법적으로 진행되어야 합니다."

펩시콜라가 이런 결정을 내릴 수 있었던 요인은 그들의 경영원칙을 보면 알 수 있다.

첫째, 치열하게, 그리고 고결하게 경쟁한다.
둘째, 불공정하거나 속이는 행동을 하지 않는다.
셋째, 우리의 모든 행동에 있어서 정직하고, 공정하며, 고결하게 행동하기 위해 노력한다.

'함께 뛰며 공정한 경쟁을 펼치겠다'는 펩시콜라의 경영철학이 빛을 발한 것이다. 이런 경영정신이 100년 넘게 긴장감을 유지하며 회사를 발전시켜 나갈 수 있었다.

회사뿐만 아니라 개인의 삶에서도 함께 뛰며 정정당당하게 경쟁을 펼치겠다는 정신이 필요하다. 우리는 함께 더불어 살아가는 공동체 속에 살아가고 있기 때문이다. 수단과 방법을 가리지 않고 경쟁에서 이겨도 언젠가는 그 대가를 치러야 할 때가 반드시 온다.

의미 있는 경쟁을 하려면 상대뿐만 아니라 자신이 어떤 사람인지 명확히 알고 있어야 한다. 살아가면서 중요하게 여기는 가치도 세워두어야 한다. 펩시콜라가 결정적인 순간에 경영철학에 기인해 현명한 선택을 한 것처럼 말이다. 마음의 중심을 잡아줄 만한 가치를 품고 있지 않으면 흔들릴 수밖에 없다. 경쟁상대는 짓밟고 올라서야 하는 디딤돌이 아니다. 공정하게 경쟁하며 함께 성장해야 하는 대상이다.

건강한 경쟁 구도를 만들어가려면 패배를 인정할 줄 아는 것도 중요하다. 진정한 스포츠맨은 패배를 깨끗이 인정한다. 구차하게 변명하거나 편법을 쓰지 않는다. 패배를 받아들일 줄 아는 사람은 그 안에서 배울 것을 찾는다.

사실 패배의 과정에서 배울 수 있는 것이 더 많다. 패배에서 참된 삶의 지혜를 배우고 경쟁력을 갖추는 면역력을 키울 수 있다.

경쟁에서 상처받지 않으려면 비교하지 말아야 한다. 타인과 비교하면 언제나 결핍만을 느낄 수밖에 없다. 타인과 비교하며 한두 번 승리했다고 해도 언젠가는 강자를 만나게 되어 있다. 세상에는 잘나고 강한 사람이 널려있다. 그러니 타인과 비교하며 경쟁하면 언제나 패배의식에 사로잡히게 된다.

현명한 경쟁은 어제의 자신과 경쟁하는 것이다. 어제의 자신과 경쟁에서 승리하기 위한 배움이 필요하다. 조금이라도 성장하고 성숙하기 위해 삶의 가치를 바로 세우고 삶의 태도를 바르게 하는 노력 말이다. 그런 노력이 토대가 되면 인생의 진정한 의미와 가치를 향해 순항할 수 있다. 경쟁을 피할 수도 없고, 잠시라도 한눈팔면 도태되는 경쟁 세상에서 승리하는 비결은 여기에 있다.

사람을 행복하게 하는 궁극적인 것은
'사랑하는 사람', '음식', '대화'이다.

04

요섹남

경계를 허물어라

바야흐로 요리하는 남자들의 전성시대다. 각종 TV 프로그램은 요리하는 남자들이 채널을 선점했다. 여기저기서 셰프들의 요리의 향연이 펼쳐지고 있다. 시청률도 잘 나오고 하니 방송사는 남자 셰프들을 섭외하느라 동분서주한다. 요리하는 남자들의 인기가 하늘을 찌르자 '요섹남(요리 잘하는 섹시한 남자)'이라는 신조어까지 등장했다. 요리를 잘하는 남자가 섹시해 보인다는 의미다.

지금이야 남자 셰프들이 주방을 점령하고 있지만, 예전에 남자들은 주방을 마음대로 들어갈 수 없었다. 음식을 만들어 먹거나 요리에 관심이 있어 부엌에 들어가면 어머니들은 부리나케 남자들을 쫓아냈다. 그러면서 "남자가 부엌에 들어가면 고추가 떨어진다"라고 말씀하셨다. 요리는 여자의 전유물이라고 생각한 까닭이었을 것이다.

남자는 밖에 나가 일을 해 돈을 벌어다 주는 존재로 여긴 것도 있었다. 밖에 나가 출세해 가족을 책임지는 일은 남자가 하고, 여자는 집안에서 살림하고 남자 뒷바라지를 해야 한다는 유교 사상도 한몫했을 것이다. 그런 가치관 때문에 남자가 부엌에 들어가 요리를 하면 '찌질'한 사람처럼 대했다. 그래서 남자가 요리사 일을 하는 것을 탐탁지 않게 생각했다. 실제로 요리사가 주업인 사람들은 자기 직업을 숨기기 일쑤였다.

이제는 남자와 여자가 하는 일의 경계선이 허물어졌다. 맞벌이 가정도 많아 서로 도우며 살아가야 하는 시대가 되었다. 그런데도 요리는 여자의 몫이라는 생각이 지배적이다. 가사분담이 이뤄지고 있지만, 주방만큼은 완전히 허물어지지 않았다. 겉으로는 양성평등 사회라지만 여전히 요리를 전담해야 하는 여자 입장에서는 불만스럽다. 이런 사회적 관념 속에서 남자들이 요리를 하고 있으니 여자들은 반가울 뿐이다. 힘으로 가족을 보호하는 존재에서 가족의 끼니까지 해결하기 위해 음식을 만들고 있으니 멋지게 보이는 것은 당연하다.

요리는 '창의성의 종합체'이다. 초보자들이야 기본 재료로 요리를 만들지만, 전문 셰프들은 다르다. 요섹남들이 15분 동안 요리 경연을 펼치는 〈냉장고를 부탁해〉라는 프로를 보면 요리가 창의적인 사고를 필요로 한다는 것을 알 수 있다.

의뢰인의 냉장고를 보고 정해진 주제와 관련된 요리를 만들려면 창의적인 사고가 필수적이다. 각 재료가 가지는 특성은 물론 그 재료와 다른 재료가 만나면 어떤 맛을 낼 것인지도 알고 있어야 한다. 또, 재료들의 향과 맛이 어떤 시너지를 일으킬 것까지 예측해야 15분 안에 의뢰인을 만족시킬 만한 요리를 만들어 낼 수 있다.

의뢰인은 세상에 없는 새로운 요리를 만들어 내는 것을 보고 음식이 아니라 예술이라고 탄성을 지른다. 맛을 표현하는 수준의 예술이 아니라 진정한 예술이 요리에서 이뤄지고 있다는 뜻이다. 기존에 없는 요리지만 각각의 재료의 특성을 파악해 새로운 요리를 창조해 냈기에 예술이라고 부른 것이다. 세상에 없었던 새로운 요리를 만들어 눈도 입도 즐겁고 만족 시켜 주는데 어찌 섹시하지 않을 수 있겠는가.

이제 음식은 단지 살아남기 위해 먹지 않는다. 눈을 만족시키고, 혀를 황홀하게 하고, 배까지 부르게 하는 아티스트이다. 늘 새로운 맛을 창출해 내 문화를 만들고 사회를 이끌어가는 산업이 되었다. 그 산업의 중심에서 열정적으로 일하는 남자는 매력적이다.

음식에는 사랑이 담겨 있다. 아내를 대신해 기꺼이 주방으로 향하는 남편의 마음에는 사랑이 자리하고 있다. 가족의 건강을 위해 조금이라도 맛있는 음식을 제공하려는 것은 사랑 없이는 불가능하다. 조금이라도 안전한 먹을거리를 찾기 위해 발품을 아끼지 않는 것도 사랑에서 출발한다. 나를 사랑해 주는 남자, 가족을 책임지는 남자, 끼니까지 챙기는 남자는 섹시할 수밖에 없다.

주방은 밥만 먹는 곳이 아니다. 대화의 공간이고 교류하는 가족 문화의 공간이다. 이런 공간에서 남자가 요리를 하며 주도적인 입장에 있으면 자연스러운 분위기가 연출된다. 자신이 한 요리를 내놓을 때면 어깨가 으쓱해져 자신감도 회복될 수 있다. 만든 재료와 과정을 말하고 맛을 평가하다 보면 대화가 싹튼다. 지나가는 말이라도 "맛있어"라는 한 마디는 남자를 춤추게 한다. 남자는 자신을 인정해주는 사람에게 목숨을 바친다고 하지 않는가.

사람이 언제 행복하다고 느낄까. 원하는 목표를 달성했을 때일까, 갖고 싶은 물건을 소유했을 때일까. 아니면 좋은 집에 살고, 좋은 차 타고 원하는 곳으로 마음껏 여행을 다닐 때일까. 사람들이 느끼는 행복감은 저마다 다르다. 그러나 사람을 행복하게 하는 궁극적인 것은 바로 '사랑하는 사람, 음식, 대화'이다. 사랑하는 사람과 맛있는 음식을 먹으며 대화할 때 사람은 행복감을 느낀다. 자신이 진짜 원하는 삶을 살려고 몸부림치는 것의 이면에는 사랑하는 사람과 맛있는 음식을 먹으며 행복하게 살기 위한 것이 깔려 있다.

그러니 남자들이여 기꺼이 주방으로 들어가자. 재능이 없고 실력이 없더라도 시도하고 도전해보자. 하다못해 설거지라도 재료 손질이라도 해 주자. 함께 주방에서 몸을 부딪치다 보면 대화도 관계도 회복될 것이다. 서먹해지는 가정의 분위기도 바꿀 수 있을 것이다. 그러면 무너지고 있는 가정도 다시 든든히 세워갈 수 있다. 섹시한 남자가 곁에 있는데 아내들은 무엇을 부러워하겠는가.

하나하나의 예술 작품으로 느끼는 감동도 있지만,
예술 작품들 속에서 인간이 살아가고 있는 동선을 엿볼 수 있다.

05

메세나

보고 느끼고 향유하라

● '메세나Mecenat'는 기업이 문화 예술 활동을 후원하는 것을 말한다. 예술가들이 안정적으로 자신의 재능을 발휘하고 펼칠 수 있도록 돕는 것을 의미한다.

메세나의 기원은 저 멀리 고대 로마 시대로 거슬러 올라간다. 사실 메세나는 사람 이름이다. 로마제국의 정치가 가이우스 마이케나스Gaius Maecenas의 프랑스식 발음이다. 마이케나스는 로마 시대에 베르길리우스Vergilius, 호라티우스Horatius와 같은 당대의 시인을 후원했다. 자신의 집에서 기거하면서 마음껏 창작 활동을 하도록 도왔다. 그것이 유래가 되어 지금의 메세나 활동으로 이어졌다.

정치가이자 시인이었던 마이케나스는 뛰어난 언변가였다. 워낙 말솜씨가 탁월해 그와 한번 대화를 하고 나면 그의 논리에 모두 고개를 끄덕일 정도였다. 그런 능력을 황제인 아우구스투스도 알아채고 외교관으로 발탁했다. 자신의 어려운 정치문제를 화려한 언변으로 해결해달라는 의미였다.

아우구스투스의 바람대로 마이케나스는 산적한 많은 문제를 언변으로 해결해 주었다. 그중의 하나가 아우구스투스가 가장 두려워했던 안토니우스를 제거하는 데 공을 세운 것이다. 수세에 몰린 아우구스투스가 전력을 회복할 수 있는 시간을 마이케나스가 마련해 주었다. 안토니우스를 찾아가 탁월한 언변으로 설득해 시간을 벌어준 것이었다. 그것이 계기가 되어 안토니우스는 결국 자살로 삶을 마감하고 만다.

마이케나스의 언변이 뛰어났던 것은 타고난 재능 때문이었다. 그러나 그 재능이 큰 힘을 발휘할 수 있었던 것은 자신이 후원한 시인들과의 교제 덕분이었다. 당대의 두 시인을 자신의 집에서 살도록 후원하며 수많은 대화를 나누었다. 인생을 고찰하며 정제된 언어로 삶을 표현한 시인들과의 대화는 마이케나스가 인생을 바라보는 시각에 눈을 뜰 수 있도록 했다. 예술가들이 삶을 바라보는 예리한 통찰과 표현 능력도 배웠다. 그런 능력이 더해져 마이케나스는 탁월한 외교관이 될 수 있었다. 그 모습에 자극을 받은 부자들도 하나둘씩 예술가를 후원하기 시작했다.

로마 시대 메세나의 의미가 오늘날까지 이어진 것은 아니다. 메세나 활동이 세계로 전파된 것은 미국의 기업가 데이비드 록펠러David Rockefeller 때문이었다. 그가 기업의 사회공헌 예산 일부를 문화 예술 활동에 할당하자고 건의를 한 것이 계기가 되어 메세나 활동이 급속도로 퍼져갔다.

당장 눈에 띄는 성과를 거두기 힘듦에도 불구하고 기업이 문화 예술 활동에 투자하는 이유는 무엇일까. 문화 예술이 기업을 홍보하는데 탁월한 효과가 있기 때문이다. 기업의 이름으로 뮤지컬이나 발레, 클래식 연주회를 후원하면 공연의 만족도만큼이나 기업 이미지가 좋아진다. 문화 활동을 빌미로 생활 깊숙이 스며들어 기업이 친숙해지도록 하는 것이다. 그러다 보면 언젠가 상품을 선택할 때 자신들의 제품을 선택할 확률이 높다.

진정한 예술작품에는 인간의 삶의 모습이 숨겨져 있다. 선진국 갤러리 전시회에 사람이 북적이는 이유는 그 속에서 인간 삶의 모습을 엿보기 위해서이다. 하나하나의 예술 작품으로 느끼는 감동도 있지만, 더 큰 의미는 예술 작품들 속에서 인간이 살아가고 있는 동선을 엿볼 수 있다. 인간이 어떻게 살아왔고, 앞으로 어떻게 변화하게 될지를 읽어내는 것이다. 예술을 통해 앞으로 펼쳐질 세상의 문화와 키워드를 보는 것이다. 그렇게 예술을 통해 밝혀낸 인간 삶의 통찰이 정치와 문화, 기업에 반영된다.

사람이 살아가는 동선을 읽어내는 능력을 인문人文이라고 한다. 인문은 인간이 그려내는 삶의 모습 전반을 말한다. 그래서 인간이 무엇을 추구하며 살았고, 앞으로 어떻게 살아갈 것인지를 꿰뚫어 보는 것이다. 인문정신은 학문의 진보뿐만 아니라 기업 성장에 근간이 된다. 인문정신을 제품에 접목하면 새로운 것을 만들 수 있다. 대표적인 사람이 스티브 잡스Steve Jobs이다. 스티브 잡스는 IT 기술에 인문적인 사고를 접목하여 애플을 세계적인 기업으로 이끌었다. 마크 저커버그Mark Zuckerberg도 인문정신으로 페이스 북을 창업해 승승장구하고 있다. 새로운 트렌드를 만들어내는 기업의 특징은 인문정신에 IT 기술을 접목시키는 것이다.

문화 예술 활동은 기업뿐만 아니라 사회를 바꾸는 계기도 마련해준다. 대표적인 예가 베네수엘라다. 베네수엘라는 남미 최대의 산유국이지만 극심한 빈부 격차로 국민의 30퍼센트 정도가 빈민이다. 빈민가의 아이들은 책과 펜 대신 마약과 총, 폭력으로 살아 간다. 함께 어울려 놀았던 친구가 하루아침에 범죄의 표적이 되 어 목숨을 잃는 것이 매일 반복된다. 마약과 폭력으로 살아가는 부모의 삶이 대물림 되어 사회적인 문제가 되었다. 그때 음악가 이자 경제학자인 호세 안토니오 아브레우Jose Antonio Abreu가 예술 활동으로 아이들의 삶을 바꾸어보겠다고 나선다. 그는 음악으로 아이들의 삶과 사회를 바꿀 수 있다고 믿었다.

아브레우의 말을 들어보자.

"음악은 사람의 마음을 움직인다. 음악은 감성을 자극하고 그것을 표현하게 해 준다. 또한 오케스트라를 하면 협동과 단결을 배울 수 있다. 그리고 우리는 춤과 노래를 사랑한다. 음악을 한다는 것은 사 람을 바꾸고 세상을 바꾸는 일이다."

그렇게 해서 '엘 시스테마El Sistema'가 탄생했다. 베네수엘라의 빈민층 아이들에게 무상으로 음악을 교육하고 오케스트라활동을 지원하는 엘 시스테마는 음악교육을 통한 사회적 변화를 추구한 다. 허름한 차고에서 11명으로 시작한 활동은 지금까지 이어지고 있다. 엘 시스테마를 통해 LA 필하모닉의 최연소 예술 감독인 구 스타보 두다멜Gustavo Dudamel, 베를린 필하모닉의 최연소 더블 베 이스 주자인 에딕슨 루이스Edicson Ruiz 등이 배출되었다.

아이들은 오케스트라 활동을 통해 자기 절제와 책임감을 배웠다. 공동체에 헌신하는 것과 조화를 이루며 살아가는 것이 어떤 것인지도 알았다. 자신들도 희망을 품고 노력하면 삶을 변화시킬 수 있다고 믿었다. 그러자 서서히 범죄율도 줄었다. 암울한 환경에서 한 줄기 희망의 빛을 문화 예술 활동으로 찾은 것이다.

우리는 베네수엘라보다 안전하고 경제적으로 부유한 편이다. 하지만 정신적인 풍요와 행복감은 그들보다 높다고 단언하기 힘들다. 한창 자기 꿈과 이상을 찾고 감수성을 함양해야 할 시기에 입시 위주의 공부에 매몰돼 있기 때문이다.

성인들의 삶도 다르지 않다. 문화 예술 활동을 마음 놓고 즐길 수 있는 처지가 아니다. 눈앞에 닥친 문제를 해결하기 급급한 삶을 살고 있다. 그렇다고 하더라도 이제부터는 예술 활동에 관심을 기울여야 한다. 예술 활동이 삶에 큰 영향을 끼치기 때문이다.

사회적인 메세나 활동도 전 방위적으로 확대되어야 한다. 예술가들이 마음 놓고 자신의 능력을 발휘할 수 있는 장도 마련되어야 한다. 기업뿐만 아니라 정부의 적극적인 지원과 정책 개발도 필요하다. 문화 예술이 삶 깊숙이 뿌리내릴 때 삶도 세상도 아름답게 변화해 나갈 수 있기 때문이다.

오늘, 클래식 음악을 들으며 명화 한 작품이라도 자세히 들여다보는 기회를 가지면 좋을 것 같다. 시 한 편으로 사색의 시간도 가져보자. 보고 느끼고 향유해야 삶을 바꿀 마음의 힘이 생긴다.

자신을 어루만지고 토닥여주면
다시 일어설 용기와 힘이 충전된다.

06

충전기

방전된 마음을 온전히 회복하라

충전기가 없는 스마트폰은 있으나 마나 한 애물단지가 된다. 한두 번은 사용할 수 있겠지만 오래도록 쓸 수는 없다. 스마트폰의 기능이 최첨단을 달려도 배터리가 방전되면 무용지물이다. 그래서 충전기가 필요하다.

어디 스마트폰뿐이겠는가. 모든 기계는 충전이 필요하다. 연료가 닳지 않도록 중간중간 주입해줘야 한다. 가열된 엔진을 식히는 것도 충전의 개념이다. 사람도 다르지 않다. 100세 시대를 건강하게 살아가려면 충전의 시간을 가져야 한다. 업무의 효율성은 높이기 위해서도 충전의 시간이 필요하다. 충전하지도 않고 일만 한다면 자신도 모르는 사이에 방전이 되고 만다. 업무 효율성은 커녕 오히려 방해가 될 뿐이다. 피곤은 누적되고 스트레스가 쌓여 건강에 적신호까지 켜진다.

지칠 줄 모르고 일하는 사람들 중 충전의 시간을 낭비라고 생각하는 사람이 있다. 그 시간에 일을 더 하면 생산량을 늘릴 수 있고, 공부를 더 하면 뒤처진 학습을 따라잡고 보충할 수 있다고 여긴다. 앞서가려면 남들이 쉴 때 일하고 공부해야 한다는 인식이 충전의 시간을 낭비로 생각하는 것이다. 하지만 질주만 하다보면 언젠가는 자신의 의지와 상관없이 충전의 시간을 가져야 할지도 모른다. 지치고 쓰러질 테니 말이다. 도끼도 갈지 않고 체력도 비축하지 않는 상태에서의 도끼질은 비효율적일 뿐이다.

"예禮가 아니면 보지도, 듣지도, 말하지도, 행동하지도 말라"라고 설파한 공자도 때때로 휴식으로 에너지를 충전했다. 배움에 정진만 한 것이 아니라 삶의 여유를 가질 수 있는 시간을 가졌다. 그 통로가 바로 시와 음악이었다.

《논어》〈태백편泰伯篇〉의 이야기다.

"시를 통해 순수한 감성을 불러일으키고, 예의를 통해 도리에 맞게 살아갈 수 있게 되며, 음악을 통해 인격을 완성한다."

공자는 이성적이고 도덕적인 것만으로는 덕德을 이루며 살 수 없다고 보았다. 때로는 감성적인 느낌도 필요하다고 여긴 것 같다. 예술적인 감각도 중요하게 생각했다. 시와 음악이 덕을 완성할 수 있다고 보았으니 말이다.

공자가 시와 악樂을 중요하게 여긴 것을 다른 측면에서 바라볼 수 있다. 그것은 그의 삶 전체를 살펴야 가능해진다. 공자는 학문의 진보를 보이며 거대한 꿈을 품는다. 자신의 도덕 정치로 뜻을 펼쳐보려고 한 것이다. 공자는 자신의 이상을 함께 실현할 군주를 찾아 중국 천하를 떠돈다. 하지만 어떤 군주도 공자의 의견에 귀 기울이지 않는다. 부푼 꿈이 좌절의 쓴맛으로 돌아오고 만 것이다. 공자는 지칠 대로 지친 심신을 충전해야 함을 스스로 깨달았는지 모른다. 그래서 충전의 통로로 시와 음악을 선택한 것 같다.

공자의 《예기禮記》〈악기편樂記篇〉에는 악을 중요하게 여기는 이야기가 실려 있다.

"음악樂이란 같아짐을 위한 것이요 예절禮이란 달라짐을 위한 것이다. 같아지면 친해지고 달라지면 공경하게 된다. 음악이 이기면 흐르고 예가 지나치면 떠나게 된다."

예를 지키며 산다는 것은 어쩌면 수직적인 문화라 할 수 있다. 질서에 순응하며 살아야 하기 때문이다. 반면에 음악은 수평적이라 볼 수 있다. 음악을 하며 서열을 논할 수는 없다. 함께 어우러지며 감흥을 나누어야 하기에 그렇다. 음악으로 받은 감흥의 차이는 있겠지만 함께 음악을 들으면 공통적인 느낌을 받을 수 있다. 그런 감흥을 나누면 같아지고 친해질 수 있다. 예절로 인해 경직된 관계를 음악으로 완화시킬 수 있는 것이다. 음악이 경직된 삶에 활력소를 불어넣어 주는 훌륭한 충전기 기능을 감당한 것이다. 그래서 공자가 음악을 적극적으로 장려했다고 생각한다.

스스로 충전의 시간을 가진 것과 다르게, 자신의 의도와 상관없이 일상을 떠나야 할 때가 있다. 취업에 번번이 실패하거나, 직장에서 실직했을 때, 사업이 망했을 때가 그렇다. 한 때 잘 나가던 사람이 예기치 않는 일로 밑바닥을 경험할 때도 있다. 이럴 때는 주어진 상황을 잘 활용해 충전의 시간으로 삼는 지혜를 발현해야 한다. 눈앞에 보이는 현실로 괴로워하기보다 다시 도약할 수 있는 계기로 활용하는 것이다.

로마의 철학자이자 실질적 통치자로 군림했던 세네카는 한때 잘 나가다가 유배를 떠나게 된다. 칼리굴라 황제의 여동생과 간통을 저질렀다는 죄 때문이었다. 이것은 겉으로 드러난 죄목이었다. 그보다 더 큰 이유는 특유의 달변으로 권력자를 조롱해 미움을 샀기 때문이다. 술을 좋아했던 세네카는 술만 먹으면 권력자들을 비난했다. 말을 너무나 잘해 듣는 사람은 모두 세네카의 말에 빠져들고 말았다. 그런 태도가 미움의 씨앗이 되었다.

8년 동안의 유배 생활은 술 중독자의 삶을 청산하게 했다. 8년의 세월은 술로 망가진 건강을 회복하기에 충분했다. 다산 정약용이 18년 동안 유배를 당할 때 공부와 집필에 매진한 것처럼 세네카도 학문에 매진했다. 할 수 있는 일이 공부밖에는 없었던 것도 한몫했다. 그런 인고의 시간을 보낸 후 복귀한 세네카는 로마를 대표하는 철학자로 거듭난다. 유배의 시간이 삶을 회복하는 충전의 시간이 되었던 셈이다.

우리 삶 가운데서도 어쩔 수 없이 나락으로 떨어질 때가 있다. 이럴 때 누군가를 탓하고 원망하기보다는 자신의 삶을 추스르고 다시 일어서기 위해 준비하는 시간으로 만들 필요가 있다. 이렇게 준비하는 시간 속에서 다시 일어설 에너지가 충전된다.

지친 삶을 회복시켜주는 일 중 걷기만 한 것이 있을까. 번잡한 도시를 떠나 자연 속에서 천천히 걷다 보면 지친 삶을 충전하는 효과가 있다. 그래서인지는 모르지만, 우리나라 곳곳에는 둘레길이 조성되어 있다. 유행처럼 번져 어떤 고장을 가도 둘레길을 만날 수 있다. 뛰어난 자연경관을 벗 삼아 펼쳐진 길을 걸으며 충전의 시간을 가지라는 의도일 것이다.

걷기의 유행은《걷기 예찬》이란 책을 유행시키기 충분했다. 걷는 것의 중요성을 역설한 다비드 르 브르통David Le Breton은 다시 《느리게 걷는 즐거움》을 출간하며 걷기를 예찬한다.

그는 책에서 걷는 것이 곧 충전이라며 이렇게 전한다.

"길을 걷는 사람은 잠정적으로 쓰고 있던 가면을 벗어던진다. 오솔길을 걷는 그에게 다른 인물의 모습을 기대하는 사람은 아무도 없기 때문이다. 그래서 길을 걷는 사람은 앞으로 다가올 순간과 스스로 성격을 결정지어야 하는 순간 외에는 어떤 것에도 얽매이지 않는 익명의 존재가 된다. (중략) 거리에 혹은 오솔길에 선 그는 낯선 이방인이다. 더는 자신의 신분이나 사회적 조건, 타인들에 대한 책임감에 파묻히지 않는다. 공동체 생활에 필요한 까다로운 요구사항들에서 일시적으로나마 벗어나는 가뿐한 무중력 상태를 체험하게 된다. 걷기는 자신의 역사와 잠시 휴지기를 갖고 길의 유혹에 빠져들게 한다."

여행도 좋다. 늘 머물던 공간에서 벗어나 낯선 곳으로 여행은 지친 삶을 회복시켜줄 활력소가 된다. 한 가지 경계해야 할 것이 있다. 패키지로 떠나는 여행이다. '패키지여행'은 여기저기 휘둘려 다니기 일쑤다. 조용히 자신을 돌아보며 충전할 수 있는 시간을 갖기 힘들다. 오히려 있는 에너지마저 방전되기 쉽다. 조금은 덜 보고 덜 돌아다니더라도 지친 삶에 충전을 위한 의도의 여정이어야 의미가 있다.

무엇보다 영향력 있는 충전은 자신을 돌보고 토닥거려주는 것이리라. 마음 지치고 힘들다고 청승맞게 홀로 있기보다 씩씩하게 화려한 외출을 시도하는 것이 좋다. 혼자 씩씩하게 멋진 식당에 가서 먹고 싶은 음식을 먹고, 보고 싶은 영화도 보며, 자신에게 선물도 하는 것이다. 자신을 위해 온전히 하루를 선물하며 지치고 웅어리진 마음이 풀리도록 자신을 스스로 위로해 주는 것이다.

자신을 어루만지고 토닥여주면 다시 일어설 용기와 힘이 충전된다. 방전되었던 마음에 어느새 활력이 솟아나 활기차게 내일을 맞이할 수 있다. 지금 우리에게는 지친 삶에 활기를 되찾아 줄 저마다의 충전기가 필요하다.

아름답게 내려가는 것을 생각해야 한다.
내려가고 낮아져 누군가의 삶에 버팀목이 되어줘야 한다.

07

버팀목

선한 영향력을 발하라

인생은 혼자의 힘으로 살아지는 것이 아니다. 누군가 닦아 놓은 터전 위에 내 삶의 토대를 쌓아가는 것이고, 선인들의 자양분이 내 삶의 밑거름이 되어 오늘을 살게 한다. 아무런 의미 없이 이 땅에 살다가 사라진 것은 없다. 어떤 것이든 반드시 흔적을 남긴다.

"우리에게 일어나는 모든 일은 그 흔적을 남긴다. 모든 것은 알게 모르게 우리의 모습을 만든다."

괴테의 말처럼 선한 것이든, 악한 것이든 우리는 누군가의 흔적의 영향으로 살아간다. 그러니 함부로 인생을 살아갈 수 없는 노릇이다. 지금 인생이 화려한 꽃을 피우든, 시들어 말라지고 있든, 풍성한 열매를 맺고 있든 그것이 어떤 영향을 줄 것인지 생각하며 살아야 한다.

자연의 이치를 보면 삶을 이해하는 데 도움이 된다. 봄이 오면 세상을 다 빨아들일 것 같이 형형색색의 꽃이 핀다. 영원히 지지 않을 것 같은 자태로 세상을 움켜쥔다.

하지만 화려한 꽃은 오랫동안 지속되지 않는다. 어느새 시들어 떨어지고 만다. 그리고 사라진다. 말없이 땅속 순환의 고리에 순응하며 스며든다. 이런 이치를 안다면 지금 내 인생이 찬란한 꽃을 피우고 있다고 뽐내기만 해서는 안 될 것 같다. 아름다운 꽃이 영원할 것처럼 생각하는 것도 금물이다. 언젠가는 떨어지고 썩어 져 순환의 고리 속으로 들어가야 할 때가 다가오니 말이다.

그런데 꽃이 피는 진짜 목적은 따로 있다. 꽃은 번식과 열매를 맺기 위해 핀다. 꽃이 피어야 번식할 수 있다. 또 꽃이 져야 열매 가 맺힌다. 영원히 피어 있으면 열매를 맺을 수 없다. 그러니 지금 내 인생의 꽃이 떨어졌다고 해서 낙담할 일이 아니다. 서운해하 고 우울해할 필요도 없다. 그때가 바로 인생의 열매가 맺힐 때이 기에 그렇다. 그 열매는 내가 맺을 수도 있고 자양분이 되어 누군 가의 열매를 맺는 데 도움을 줄 수도 있다. 꽃은 필 때보다 질 때 가 더 중요하다. 질 때가 열매에 직접적인 영향을 주기 때문이다.

우리네 인생도 그런 것 같다. 올라가는 것보다 사실 내려가는 것이 더 중요하다. 등산이 그렇고, 명성이 그렇고, 감투가 그렇다. 우리는 언젠가 낮아지고 내려가야 한다. 내려가고 사라져가야 할 때를 놓치면 추해진다. 내려놓아야 할 자리에 집착하면 오히려 화를 부른다. 그러니 아름답게 내려가는 것을 생각해야 한다. 내 려가고 낮아져 누군가의 삶에 버팀목이 되어줘야 한다. 특히 자 생력이 없는 이들의 삶에 든든한 버팀목이 되어 주면 좋겠다. 스 스로 버텨낼 수 있는 힘을 기를 때까지 버팀목이 되어 준다면 아름다운 순환의 고리가 대대로 이어질 것이다.

다산茶山 정약용은 저 멀리 땅끝 마을 강진으로 유배를 가게 된다. 그곳에서 18년을 홀로 지낸다. 자신이 홀로 지낸 것은 견딜만했다. 하지만 눈에 넣어도 아프지 않을 두 아들의 든든한 버팀목이 되어 주지 못함을 늘 안타까워한다. 그런 애절한 아버지의 마음을 편지에 담아 버팀목이 되어 주기를 자청한다.

《유배지에서 보낸 편지》에 남겨진 아버지의 진심 어린 마음을 만나보자.

"내가 밤낮으로 애태우며 돌아가고 싶어 하는 것은 너희들 뼈가 점점 굳어지고 기운이 거칠어져 한두 해 더 지나버리면 완전히 내 뜻을 저버리고 보잘것없는 생활로 빠져버리고 말 것만 같은 초조감 때문이다. 작년에는 그런 걱정에 병까지 얻었다. 지난여름은 앓다가 세월을 허송했으며 10월 이후로는 더 말하지 않겠다."

"폐족廢族이 글을 읽지 않고 몸을 바르게 행하지 않는다면 어찌 사람 구실을 하겠느냐. 폐족이라 벼슬은 못하지만 성인이야 되지 못하겠느냐, 문장가가 못되겠느냐. 이른 새벽부터 밤늦게까지 책을 읽어 이 아비의 간절한 소망을 저버리지 말아다오."

다산은 자신 때문에 폐족이 되어 출셋길이 막힌 두 아들이 행여 삶의 끈을 놓을까 염려한다. 그러면서 세상을 어떻게 살아가야 하며, 공부의 방법과 인생의 길을 제시해 준다. 술을 마시는 법도와 닭을 키우는 법까지 세세히 일러준다.

《삶을 바꾼 만남》에는 다산이 아들에게 닭을 키우는 법을 가르쳐 주는 편지글이 소개되어 있다.

"닭을 치는 일도 일종의 공부다. 그저 하지 말고 살펴서 해라. 책 찾아서 읽어가며 해라. 보는 것 정리하고 메모해가며 해라. 여러 책에서 닭에 관한 내용을 초록해서 갈래별로 묶어《계경》을 엮어보는 것은 어떻겠니. 이렇게 하면 또 하나의 책이 될 게다. 어떤 일을 하느냐도 중요하지만, 어떻게 하느냐가 더 중요하다. 네 삶의 모든 부분을 공부의 과정과 일치시켜라. 세상 모든 일이 공부 아닌 것이 없다."

아버지의 세세한 가르침에 두 아들의 학문도 뛰어났다. 유배 중인 아버지를 도와《주역심전周易心箋》을 완성할 정도였으며, 둘째 아들 정학유는 농가에서 매달 할 일과 풍속들을 정리해《농사월령가》를 펴내기도 했다. 다 쓰러져가는 집안이었지만 다산이라는 버팀목이 있었기에 가능한 일이었다. 버팀목의 힘이 느껴지는 이야기임이 틀림없다. 이외에도 혼자 일어설 수 없는 삶을 도와 홀로 설 수 있도록 돕는 이야기는 무수히 많다.

버팀목의 역할은 나이가 들고 경력이 있어야만 할 수 있는 것이 아니다. 누구나 자기 삶의 자리에서 다른 이들의 삶에 버팀목이 되어 줄 수 있다. 도움이 필요한 사람에게 대가 없이 손을 내밀어 주는 것, 직업의 귀천에 상관없이 인격적인 대우와 존중을 해주는 것, 지나가는 말 한마디라도 따뜻하게 해 줄 수 있는 것, 사회적 약자에게 관심을 기울이고 기회를 주는 것, 자신의 지위와 권력을 악용하지 않는 일들은 누군가의 삶에 버팀목이 되어 준다.

버팀목의 용도는 천차만별이다. 거창한 것이 아니라도 내 삶에서 누군가를 일으켜 세울만한 작은 행동이면 족하다. 아무리 사소하고 작은 행동도 받는 이의 입장에서는 커다란 버팀목이 될 수 있다.

복효근 시인의 〈버팀목에 대하여〉를 읽으며 버팀목의 의미를 한 번 더 되새겼으면 한다.

쓰러진 나무를 고쳐 심고
각목으로 버팀목을 세웠습니다.
산 나무가 죽은 나무에 기대어 섰습니다.

그렇듯 얼마간 죽음에 빚진 채 삶은
싹이 트고 다시
잔뿌리를 내립니다.

꽃을 피우고 꽃잎 몇 개

뿌려주기도 하지만

버팀목은 이윽고 삭아 없어지고

큰바람 불어와도 나무는 눕지 않습니다.

이제는

사라진 것이 나무를 버티고 있기 때문입니다.

내가 허위허위 길 가다가

만져보면 죽은 아버지가 버팀목으로 만져지고

사라진 이웃들도 만져집니다.

언젠가 누군가의 버팀목이 되기 위하여

나는 싹틔우고 꽃피우며

살아가는지도 모릅니다.

초기화는 '다시'를 의미한다. 다시 시작하면
이룰 수 없는 일이 없고, 할 수 없는 일이 없다.

08

초기화

다시 시작하겠다는 마음을 품어라

컴퓨터를 사용하다 보면 예기치 않게 바이러스에 노출이 될 때가 있다. 이것저것 클릭하며 나름대로 바이러스를 검사하고 치료해보려고 애를 써도 아무런 성과를 올리지 못하면 속이 상한다. 랙(Lag, 지연, 늦어짐)이 걸려 느려터진 속도의 컴퓨터를 보면 속이 터진다. 이럴 때 우리는 어쩔 수 없이 초기화를 선택한다. 그러다 보면 추억의 한 장면을 간직한 사진, 소중한 업무 자료, 애써 작업해놓은 성과물들이 흔적 없이 사라지기 일쑤다. 그래도 컴퓨터 성능을 원 상태로 복구하려면 초기화시키는 수밖에 없다. 초기화시키고 나면 예전과 같은 성능과 기능을 회복할 수 있으니 말이다. 물론 소중한 자료는 사라지고 없다.

우리 삶에서도 예기치 않은 바이러스(실패, 좌절, 낙심 등)로 힘들어질 때가 있다. 이 방법 저 방법 찾아보고 시도해보아도 해결할 방법이 묘연할 때 말이다. 자신의 힘으로는 눈앞에 닥친 상황을 타개할만한 뾰족한 묘수가 없으면 막막하다. 이때 많은 사람들이 안타깝게도 극단적인 선택을 한다. 생명을 포기하진 않더라도 모든 것을 놓아버리기고 자포자기해 버린다. 될 대로 되라고 막무가내로 행동하기도 한다. 초기화라는 훌륭한 방법이 있는데도 컴퓨터를 박살 내거나 버려두기만 한 꼴이다.

우리 삶에서 초기화한다는 것은 처음부터 다시 시작하는 것과 같다. 삶에서 넘어졌다면 훌훌 털어버리고 다시 일어서는 것이고,

마음이 무너졌다면 무너진 마음을 다잡고 다시 해보자는 용기를 품고 나아가는 것이다. 상처를 받아 쓰라린 아픔으로 힘들어하고 있다면 있는 그대로를 수용하고 자신을 사랑하며 다시 삶의 걸음을 내딛는 것이다. 지친 마음은 스스로 토닥여주며 자신감을 불어 넣어주는 것이다. 초기화는 '다시'를 의미한다. 다시 시작하기만 하면 이룰 수 없는 것이 없고, 할 수 없는 것이 없다. 마음에 용기를 품고 다시 하겠다는 의지로 무장하면 된다. '다시'는 바이러스로 괴로워하는 삶에 새로운 기회를 선물해 준다.

공자는 춘추전국시대에 자신의 이상을 함께 구현할 군주를 찾아 나서지만 끝내 꿈을 이루지 못한다. 어디에서도 환영받지 못했다. 이때 공자는 모든 것을 포기하고 세상을 등지지 않는다. 다시 초기화를 시키고 새로운 삶을 시작한다. 그 길은 바로 제자를 양성하는 것이었다. 수많은 제자와 함께한 삶은 군주를 만나 자신의 사상으로 정치하는 것 이상으로 영향력이 있었다고 해도 과언이 아니다. 그의 사상과 삶은 중국 역사 대대로 이어지고 있으니 말이다.

공자 사후 약 200년 후에 한비라는 사람이 춘추전국시대에 등장한다. 한비도 법가 사상을 바탕으로 나라를 다스릴만한 군주를 찾아 유세를 다닌다. 하지만 말더듬이인 한비의 이야기에 누구도

귀를 기울여주지 않는다. 더군다나 당시 대부분 나라는 유가 사상으로 나라를 다스렸으니 법가法家 사상을 주장한 한비의 말은 설득력을 얻기에 힘든 상황이었다. 한비는 말로는 자신의 사상을 세상에 알릴 수 없다고 생각하고 다른 방법으로 접근한다. 역시 삶을 초기화시키며 다시 시작하는 것이었다.

한비가 택한 방법은 글쓰기였다. 한비는 자신의 법가 사상을 토대로 부국강병富國强兵을 꿈꾸며 책을 집필한다. 그렇게 해서《한비자韓非子》가 세상에 등장한다. 한비의 주장은 '제왕학의 교과서'로 불릴 만큼 영향이 컸다. 제일 먼저 그 가치를 알아본 사람은 진나라의 젊은 왕 정(政, 훗날의 진시황)이었다. 그는 우연히 〈고분편孤憤篇〉과 〈오두편伍蠹篇〉을 보고 "아! 이 글을 쓴 사람과 만나 이야기를 나눌 수 있다면 죽어도 여한이 없겠다"라고 말한다. 그리고 한비를 얻기 위해 한비가 살고 있던 한나라를 공격한다. 오직 한비를 얻기 위해 나라까지 공격한 것이다. 진시황은 한비를 얻은 후 그의 사상을 바탕으로 통일 대업을 이룬다.

한비 이후에 사마천司馬遷이라는 역사가가 태어났다. 그는 흉노족을 정벌하다 패전하여 포로가 된 장수를 두둔하다 무제武帝의 노여움을 사 옥에 갇히는 신세가 된다. 그는 사형을 받게 되는데 당시 사형을 면하는 방법은 두 가지였다. 한 가지는 어마어마한 벌금을 내거나, 궁형宮刑을 받는 것이었다.

사마천에게는 벌금을 낼만 한 돈이 없었다. 그렇다고 남자의 생식기를 잘라야 하는 궁형을 받을 수도 없었다. 당시에는 궁형을 받느니 차라리 죽음을 택하는 것이 옳다고 여기는 시대였다. 하지만 사마천은 궁형을 선택한다. 아버지 대부터 편찬 중이던 《사기史記》를 완성하기 위해서였다.

궁형을 선택한 삶은 서민의 애환을 온전히 바라볼 수 있게 했다. 인생의 참 의미와 가치 삶에 대해서도 알았다. 궁형이 살아 숨 쉬는 역사서를 만드는 토대가 된 것이다. 사마천에게 궁형은 삶을 초기화시키는 선택이었다. 수치심을 견딘 선택은 유구히 이어져 내려온《사기》를 완성할 수 있도록 했다.

넬슨 만델라Nelson Mandela는 흑인 차별에 맞서 싸우다 종신형을 선고받는다. 석방될 때까지 무려 27년을 감옥에서 지낸다. 자유를 위해 싸운 대가치고는 혹독했다. 하지만 그는 감옥 생활이 오히려 삶을 다시 살펴볼 수 있는 좋은 기회가 되었다고 회상한다. 초기화 상태로 돌아가 삶의 전반을 점검한 것이다.

그러면서《나 자신과의 대화》에서 이렇게 전한다.

"감옥이 자신을 알고 깨우치기에, 자신의 마음과 감정의 흐름을 냉철하게 규칙적으로 살펴보기에 이상적인 곳임을 발견할지도 모르오."

"육체의 쇠사슬이 정신에는 날개일 때가 많다오. 그동안에도 줄곧 그랬고, 앞으로도 늘 그럴 테요."

또한 인생의 3분의 1이라는 긴 시간을 감옥에서 보낸 그는 이렇게 말한다.

"인생의 가장 큰 영광은 결코 넘어지지 않는 데 있는 것이 아니라 넘어질 때마다 일어서는 데 있다."

넘어질 때마다 다시 시작하면 된다는 의미다. 그런 삶의 태도가 흑인 최초로 남아프리카 공화국 대통령이 될 수 있었고, 노벨평화상을 받게 했다.

살다 보면 자신의 의도와 상관없이 직업을 바꿔야 할 때가 다가온다. 전문가들의 조사에 따르면 적게는 6번, 많게는 11번 정도 직업 전환이 이뤄진단다. 이럴 때마다 우리는 좌절과 낙심보다는 초기화를 통해 새로운 직업으로 힘차게 발걸음을 내딛어야 한다.

인생의 후반기에는 평생 전문직이 아니고는 퇴직할 때가 다가온다. 그럴 때도 인생을 다시 초기화시킨다는 마음으로 새로운 일을 시작해야 한다. 과거에 얽매여 괴로워할 필요도 미련을 가질 필요도 없다. 자신을 스스로 불쌍히 여길 필요도 없다.

"자기 연민이란 그 어떤 약보다 사람을 망가뜨리는 마약이다. 쉽게 중독되고 찰나의 쾌락을 주며 그 덫에 걸린 사람은 현실을 바로 보지 못한다."

존 가드너John Gardner의 말처럼 자기 연민에 빠지면 삶을 올바로 바라볼 수도 없다. 우리가 해야 할 일은 자신감으로 무장해 끊임없이 시도하고 도전하는 것뿐이다.

"성공은 당신이 상상하는 것처럼 어렵지 않다. 자신감을 가지고 목표를 향해 끊임없이 시도하고 노력한다면 생각 하나만으로 목표를 이룰 수도 있다."

데일 카네기Dale Carnegie의 말처럼 원하는 삶의 목표가 이뤄질 때까지 다시 시작하면 되는 것이다.

우리에게 필요한 것은 넘어질 때마다 다시 일어서는 용기, 그거면 된다. 초기화를 시켜야 하는 상황에 직면했다면 횟수에 상관하지 말고 초기화를 시켜라. 초기화를 시키면 언제나 예전의 기능을 회복할 수 있기 때문이다.

나만의 삶의 스토리를 품고 있는 것,
그런 삶을 살아내고 있다면 곧 걸작품인 셈이다.

09

걸작품

최선을 다할 때 걸작품이 나온다

● 　　　　　　　　매우 훌륭한 작품을 흔히 걸작傑作이라
고 한다. 걸작품을 만나면 전율이 일어난다. 작품에서 전해지는
느낌은 심장을 멎게 한다. 말로 형언할 수 없는 감동은 정신을 혼
미하게 만든다. 그런 작품을 만나면 행복하다.

　대개 걸작품은 예술가의 혼이 담겨 있다. 일생을 바쳐 헌신한
정성이 깃들어 있다. 심심풀이로 끼적이다 완성된 걸작품은 없다.
혼신의 힘을 기울여 만들어낸 것이 걸작품으로 탄생한다.

　세계 최고 걸작품의 하나인 미켈란젤로의 〈천지창조〉가 있다.
미켈란젤로는 〈천지창조〉를 그리기 전까지 조각가로 활동했다.
〈피에타〉와 〈다비드상〉과 같은 걸작품으로 명성을 크게 얻고 있
었다.

　조각가로 활발한 활동을 이어가던 그는 교황 율리오 2세의 명
령으로 시스티나 성당 천장에 그림을 그려야 했다. 미켈란젤로는
직접 갑옷을 입고 전쟁터로 향하며, 막강한 권력을 휘두르는 교
황의 명령을 어길 수 없었다. 어쩔 수 없이 그림을 그릴 수밖에 없
었던 것이다. 그림의 크기도 엄청났다. 길이가 40.93미터에 폭이
13.41미터, 높이는 20.7미터에 달했다. 그것도 천장에다 그려야
했다.

　아치형으로 된 천장에 그림을 그리기 위해 미켈란젤로는 4년

을 누워 있어야 했다. 천장을 보면서 그림을 그리다 보니 떨어지는 안료 때문에 눈병에 걸리고 근육 경련과 관절염으로 힘든 삶을 살아야 했다. 그럼에도 한 인물 한 인물을 혼신의 힘을 기울여 그려냈다. 그 모습을 보던 한 친구가 이렇게 말했다.

"여보게, 구석진 곳에 잘 보이지도 않는 인물을 그려 넣으려고 그 고생을 하는가? 그게 완벽하게 그려졌는지 누가 알 수 있겠는가?"
"그야 내가 알지."

미켈란젤로는 다른 사람의 시선을 의식하지 않았다. 스스로 만족할만한 작품을 그려야겠다는 마음으로 정성을 쏟았다. 그런 혼신의 노력이 걸작품을 탄생시켰다.

제주도에는 영혼이 담긴 제주도의 사계절을 담아낸 사진을 전시해 놓은 곳이 있다. 바로 '김영갑 갤러리'이다. 김영갑의 사진을 본 사람은 이구동성으로 혼을 담아 제주도의 풍경을 담아냈다고 말한다. 사람들의 말마따나 그는 한 장의 아름다운 풍경을 카메라에 담아내기 위해 몇 시간이고 기다리기 일쑤였다. 끼니를 거르는 것도 다반사였다. 수도 없는 카메라 셔터 속에서 한 장의 완성된 사진을 찾기 위해 혼신의 노력을 기울였다. 그렇게 정성을 담아낸 사진은 보는 이로 하여금 전율이 일도록 했다.

혼신의 힘을 기울인다는 것은 다른 것에 시선을 빼앗기지 않는 다는 말이다. 자신이 하는 일에 온 마음을 쏟는 것이다. 최고의 몰입 상태에 이르는 길이다. 스스로 생각해도 전율이 일 정도로 정성을 기울인 것이다.

찰나의 순간으로 유명한 세계적인 사진작가 앙리 카르티에 브레송Henri cartier Bresson은 이렇게 말했다.

"사진을 찍을 때 한쪽 눈을 감는 이유는 마음의 눈을 위해서이고, 찰나에 승부를 거는 것은 사진의 발견이 곧 나의 발견이기 때문이다."

한쪽 눈을 감아야 피사체에 집중할 수 있다는 의미다. 나아가 다른 눈으로는 피사체의 내면까지 꿰뚫어 보겠다는 뜻이기도 하다. 그 내면을 발견하는 것이 곧 자신을 발견하는 것이기 때문이다. 또한 카메라 렌즈에 보이는 세상 너머의 것을 바라보겠다는 의미일 것이다. 그런 사진에 혼이 담기는 것은 자명하다.

예술작품에만 걸작품이 있는 것이 아니다. 우리 인생도 걸작품이 될 만한 삶이 있다. 원하는 삶의 목표가 있다면 다른 것에 시선을 빼앗기지 않고 열정을 쏟아붓는 것. 자기 스스로 부끄럽지 않도록 최선을 다한 삶을 사는 것. 누군가와 비교하지 않는 자신만의 결과물을 만들어 내기 위해 묵묵히 자기 길을 걸어가는 것. 누군가와 똑같은 모조품의 삶이 아니라 세상 어느 곳에도 없는 유일한 나만의 삶을 살아내는 것. 나만의 삶의 스토리를 품고 있는 것. 그런 삶을 살아내고 있다면 곧 걸작품 인생이다.

걸작품에는 작가의 혼이 담겨 있듯이 내 삶에도 혼을 담아내야 한다. 혼이 담긴 시선으로 세상을 바라봐야 한다. 겉으로 보이는 모습과 내면까지 바라보는 시선이 필요하다. 그러면 보이지 않는 것을 볼 수 있다. 지금 소중한 것이 무엇인지, 참된 인생은 무엇인지 찾아낼 수 있다. 그렇게 발견된 삶의 지혜를 따라 살아가는 인생에서 걸작품은 탄생한다.

주어진 삶을 살아라. 삶은 멋진 선물이다.
거기에 사소한 것은 아무것도 없다.

10

마침표

문장에만 마침표가 필요하다

　　　　　　　　　　　　　문장을 끝맺으려면 마침표가 있어야
한다. 마침표가 없는 글은 아직 '살아 있는 글'이다. 가능성이 남
아 있는 것이다. 글의 완성도와는 상관없이 마침표가 찍히지 않
는 글은 얼마든지 수정과 보완이 가능하다. 하지만 마침표를 찍
는 순간 문장은 끝을 맺는다.

　마침표는 글에 필요하다. 그런데 많은 사람들이 글이 아니라
삶에 마침표를 찍는다. 사람과의 관계에서, 꿈을 향한 도전에서,
고난을 극복하는 과정에서, 살아 숨 쉬어야 하는 삶에서, 희망을
품고 나아가야 하는 오늘의 삶의 터전에서 수많은 마침표를 찍어
버린다.

　마침표를 찍어야 새로운 문장을 전개할 수 있느냐고 반문할 수
있을 것이다. 당연하다. 마침표가 있어야 새로운 문장을 써갈 수
있다. 삶에서도 마침표를 찍고 새로운 삶으로 전환할 수 있다. 이
것은 다음 문장을 쓰기 위한, 새로운 도전을 위한 의미 있는 마침
표이다.

　하지만 여기서 이야기하는 마침표는 단절을 말한다. 새로운 도
전을 위해 마침표를 찍고 숨을 고르는 것이 아닌 더 이상 나아가
지 못하는 끝을 의미한다. 스스로 생명을 끝내버리는 극단적인
끝마침이다.

　삶에 마침표를 찍는 이유는 더 이상 희망을 발견하지 못해서이

다. 때로는 의지가 약해서, 올바른 습관이 형성되지 못해서 마침표를 찍는 경우도 있다. 존재 이유를 발견하지 못해서 끝을 맺는 사람도 많다. 하지만 삶에서 영원한 것은 없다. 힘든 고난과 역경도 시간이 흐르면 해결이 된다. 중요한 것은 다시 기회가 오기를 기다리는 일이다. 버텨내는 것도 필요하다. 삶에서 방법을 찾으면 보이게 되어 있기 때문이다.

개구리 두 마리가 우유 통에 빠졌다. 한 개구리는 도저히 빠져나갈 수 없는 처지를 보고 마음에 마침표를 찍었다. 하지만 다른 개구리는 어떻게 해서든 우유 통을 빠져나가야겠다고 생각했다. 쉼 없이 팔과 다리를 움직이며 의식을 잃지 않으려고 했다. 그러자 어느 순간 발에 딱딱한 물체가 느껴졌다. 개구리는 그것을 디딤돌 삼아 점프를 해 우유 통을 빠져나왔다. 그 딱딱한 물체는 치즈였다. 개구리가 쉼 없이 움직이자 우유가 치즈로 변한 것이다. 마침표를 찍지 않고 취한 행동이 새로운 기회를 만들 수 있었다.

삶의 의미와 존재 이유는 스스로 발견해야 한다. 세상이 자신에게 매긴 값어치로 자신을 평가하면 마침표를 찍을 수밖에 없는 상황만 보인다. 희망도 발견할 수 없다. 그러니 세상이 자신에게 매긴 값어치에 일희일비해서는 곤란하다. 스스로 값어치를 매기고 나아가면 된다. 그러면 마침표가 아니라 쉼표를 찍을 수 있다.

잠시 쉬었다가 다시 비상하면 되는 것이다.

자기 값어치를 찾지 못해 삶의 마침표를 찍으려던 사람이 있었다. 그 주인공은 《청춘아 가슴 뛰는 일을 찾아라》의 저자이자 국제사회복지사로 활동하고 있는 작은 거인 김해영이다.

그녀는 태어난 지 3일 만에 딸로 태어났다고 아버지가 술김에 던져 버렸다. 그로 인해 척추를 다쳐 키가 134센티미터에 멈췄다. 하지만 그녀는 장애를 극복하고 세계에 사랑을 나누며 영향력 있는 삶을 살아가고 있다. 그 비결은 바로 자신이 존재 이유를 발견하고 나아갔기 때문이다.

그녀의 어린 시절은 비참했다. 지독한 가난과 가정불화로 하루하루를 지옥과 같은 환경에서 살아야 했다. 만날 술주정을 부리던 아버지가 돌아가시자 이제는 어머니의 학대가 이어졌다. 남편의 죽음을 김해영 때문이라고 생각한 어머니는 온갖 욕설과 구박을 했다. 허구한 날 식칼을 들이대고 죽이겠다는 협박까지 했다. "너 같은 건 태어나지 말았어야 했어!"라는 말도 수없이 들었다. 더 이상 집에서 살아갈 수 없었던 그녀는 집을 떠나야 했다. 그때가 열다섯 살이었다.

어렵게 월급 3만 원짜리 식모 자리를 구해 홀로서기를 했다. 남의집살이하면서 무료직업훈련소에서 기계편물 기술을 배웠다. 주변의 도움으로 신앙도 가졌다. 그것이 삶을 바라보는 전환

점이 되었다. 스스로 쓸모없는 삶이라 생각했었는데 자신도 잘 할 수 있는 것이 있고, 가치 있는 삶을 살 수 있다는 것을 깨달은 것이다.

마침표가 아니라 삶의 이야기를 지속시켜갈 이유를 발견한 후 그녀의 삶은 완전히 달라졌다. 부단한 기술 연마로 우리나라 편물 기술 분야의 최고의 장인이 되었다. 그것이 계기가 되어 아프리카 보츠와나 직업학교로 갈 수 있었다. 그곳에서 편물 기술을 14년을 가르치며 가난한 환경의 아이들을 도왔다. 그녀의 헌신적인 도움을 받은 직업학교 아이들은 김해영에게 "예쁘다"라는 말을 달고 살았다. 예쁘다는 말을 듣자 존재 이유가 더 선명해졌다.

그녀는 더 많은 사람들에게 도움을 주고 싶어 유학을 결심한다. 언어와 돈, 어느 것 하나 풍족하지 않았다. 하지만 환경은 꿈 앞에서 더 이상 걸림돌이 되지 못했다. 그녀는 단숨에 미국 컬럼비아대학교 석사과정까지 통과하며 국제사회복지사가 되었다. 전 세계를 다니며 삶의 희망을 나누는 전도사도 되었다.

그녀가 이렇게 삶을 바꿀 수 있는 계기를 TV 강연에서 말했다.

"사람은 누구나 저마다의 값어치가 있습니다. 태어날 때는 자신이 얼마만큼의 값어치인지 아무도 모릅니다. 그러다 보면 사람들이 '너는 1천 원짜리야!', '너는 1만 원짜리야!'하고 가격표를 붙이죠. 그러면 남들이 붙여놓은 가격이 자기 값어치인 줄 압니다. 하지만 시장에서 물건 가격을 정하는 것은 손님이 아니라 주인입니다. 여러분의 값어치를 정하는 것도 세상이 아니고 여러분 자신입니다."

삶에서 마침표를 찍는 사람들은 대부분 더 이상 삶을 지속시킬만한 의미를 발견하지 못해서이다. 삶이 너무 고단하고 지치고 힘들어 어쩔 수 없이 마침표를 찍는다. 저마다 마침표를 찍어야만 하는 타당한 이유가 있다. 하지만 주변을 가만히 둘러보면 모두 비슷한 문제를 껴안고 살아간다. 삶은 문제투성이기에 그렇다.

이 세상에 문제가 없는 사람은 아무도 없다. 아무런 문제가 없는 것처럼 태연하게 살아갈 뿐이다. 그러니 나만 삶의 무게를 떠안고 살아간다는 생각은 버렸으면 좋겠다. 삶을 바라보는 태도를 가다듬고 나아가면 얼마든지 마침표를 찍지 않아야 할 이유를 발견할 수 있다.

그 의미를 잘 전달해주는 시가 있다. 바로 도종환의 〈폐허 이후〉이다.

사막에서도 저를 버리지 않는 풀들이 있고
모든 것이 불타 버린 숲에서도
아직 끝나지 않았다고 믿는 나무가 있다

화산재에 덮이고 용암에 녹은 산기슭에도

살아서 재를 털며 돌아오는 벌레와 짐승이 있다

내가 나를 버리면 거기 아무도 없지만

내가 나를 먼저 포기하지 않는다면

어느 곳에서나 함께 있는 것들이 있다

돌무더기에 덮여 메말라 버린 골짜기에

다시 물이 고이고 물줄기를 만들어 흘러간다

내가 나를 먼저 포기하지 않는다면

마침표는 글을 쓸 때만 필요하지 삶에서는 사용해서는 안 될 금지부호이다. 어떤 어려움이 닥쳐도 마침표를 찍지 않으면 느낌표 인생을 만들 수 있다. 플로렌스 나이팅게일의 말을 생각하며 삶을 바라보는 태도를 가다듬었으면 좋겠다.

"주어진 삶을 살아라. 삶은 멋진 선물이다. 거기에 사소한 것은 아무것도 없다."

나는 진짜 원하는 인생을 살고 있는가

임재성 지음

초판 1쇄 인쇄   2017년 9월 25일
초판 1쇄 발행   2017년 9월 29일

발 행 처   도서출판 평단
발 행 인   최석두

신고번호   제2015-000132호 | **신고연월일**   1988년 7월 6일
주   소   (10594) 경기도 고양시 덕양구 통일로 140(동산동 376)
              삼송테크노밸리 A동 351호
전화번호   (02)325-8144(代)
팩스번호   (02)325-8143
이 메 일   pyongdan@daum.net
블 로 그   http://blog.naver.com/pyongdan

I S B N   978-89-7343-498-5 (03320)

값 · 14,500원